誤判を生まない
裁判員制度への課題

アメリカ刑事司法改革からの提言

伊藤和子

現代人文社

誤判を生まない
裁判員制度への
課題 アメリカ刑事司法改革からの提言

まえがき

　本書は、筆者が日本弁護士連合会の推薦をいただいて、2004年8月からニューヨーク大学ロースクール客員研究員として留学した際に触れたアメリカ刑事司法とその改革に関する記録である。

　2009年から市民参加の刑事裁判システム「裁判員制度」がはじまるのを前に、市民参加による刑事裁判の先輩であるアメリカで、どのようなかたちで公正な裁判を実現させているのかを学ぶため、ニューヨークに着いて早々、ダウンタウンの裁判所に通い始めた。幸い、ニューヨーク州の全面的協力を得て、生きた陪審裁判をたくさん見学する機会を得た。アメリカでは、スコット・ピーターセン、マイケル・ジャクソンの陪審裁判が大々的に取り上げられるなど、刑事司法はいつも市民の関心の的だった。

　しかし、一方で私が気になって仕方がないニュースがあった。死刑囚が無実とわかって解放された、という相次ぐニュースだった。テレビには、毎月のように、何人もの元死刑囚が登場し、「なぜ死刑棟に送られたのか」を語る。ニューヨークでは「The Exonerated（冤罪をはらした人々）」というミュージカルまで上演された。それまでの渡米で陪審制度に接し、陪審制度を支持していた私にはとてもショックな事態だった。果たしてアメリカ陪審制度に何が起こっているのだろうか。陪審制度のもとで起こる誤判は、日本で始まる裁判員制度にとっても他人事ではない。

　しかし、アメリカの司法関係者も「陪審制度下での冤罪」という事態を傍観してはいなかった。アメリカでは現在、死刑執行停止の議論が盛んに行われる一方、各州で、知事や裁判官が率先して誤判防止のための委員会を設置し、誤判原因を徹底的に調査し、刑事司法改革を提言し、ダイナミックな改革が次々に進んでいる。

　幸い、弁護士会において司法改革にご一緒に携わらせていただいた諸先輩方のご支援で、カリフォルニア州、イリノイ州、ミネソタ州、ニュージャージー州、ノース・カロライナ州、アラバマ州を回り、なぜ誤判が発生したのか、そ

れぞれの州はどんな改革によって誤判を防ごうとしているのかを調査した。アメリカの改革のスピードとエネルギーには圧倒されたが、同時に、私が気づいたのは、アメリカで次々に問題とされ、改革のターゲットにされている問題は、日本でも改革されるべき課題なのだ、ということである。

　私はアメリカの旅から、日本で裁判員制度を実現するにあたって、新しい視点からの改革が必要だ、との認識をもらって帰ってきた。1人でも多くの方に本書を手にとっていただき、市民参加制度のもとでの刑事司法制度改革の課題についての議論に一石を投ずることができれば、望外の喜びである。

2006年11月

伊藤和子

誤判を生まない裁判員制度への課題
アメリカ刑事司法改革からの提言

目次

序章 深刻な司法の反省
──雪冤ラッシュを生み出したもの

1 死刑台からの生還……1
2 アメリカの刑事手続における死刑……3

第I章 画期的な刑事司法改革
──イリノイ州の挑戦

1 知事の歴史的英断……7
2 イリノイ州死刑諮問委員会……8
3 「被疑者取調べを全て録画せよ」……8
4 イリノイ州の被疑者取調べの実態……11
　◎ゲリー・ガウガー氏に聞く　私はこうして「自白」させられた……11
5 イリノイ州が進める刑事司法改革……15
6 遅れる日本の制度改革……16

第2章
ミランダ原則と取調べの可視化

1 ミランダ原則とその形骸化……20
 1 ミランダ判決とは　20
 2 ミランダ原則の刑骸化　22
> ◎ジェイ・バーチャー弁護士に聞く
> 　内容を正確に理解している人は少ない……24
> ◎リチャード・フレイス教授に聞く
> 　さらなるセーフ・ガードとして取調べの録音・録画へ……24

2 取調べ可視化への流れ……25
 1 各州での制度化　25
 2 ABAの提言　26
> ◎ドリズィン教授に聞く　なぜ、取調べへの可視化なのか……27

3 全米の警察で広がる自主的な録音・録画──サリバン・レポート……28
4 自白過程の録音・録画だけで十分か
 ──限定的な可視化が生み出す冤罪……30
 1 セントラル・パーク・ジョガー事件　31
> ◎コーリー・ワイス氏に聞く
> 　私はこうしてビデオの前で「自白」した……32

 2 不十分な録画は危険　33

5 取調べの可視化をめぐる世界のうごき……34
6 アメリカにもまして高い可視化の必要性──日米比較……34

第3章
証拠開示の拡充が冤罪を防ぐ

1 アメリカの証拠開示制度……39
 1 ブレイディ・ルール　39
 2 ジェンクス法　40

3　開示対象――類型的アプローチ　40
　　4　証拠開示の例外　43
　　5　証拠不開示をめぐる問題　44
2　警察官の証拠開示義務……44
　　1「フォード・ハイツの4人」冤罪事件　44
　　2　イリノイ州の改革　45
3　事前・全面開示への道――ノース・カロライナ州の改革……46
　　1　検察官手持ち証拠の事前・全面開示　46
　　2　アラン・ゲルのケース　48
　　　◎アラン・ゲル氏とマリー弁護人に聞く
　　　　陪審も私も事実から遠ざけられた……51
4　新証拠開示法のインパクト……54
　　　◎オーランド・ハドソン判事に聞く
　　　　完全な証拠開示で、より公正な判断を実現……54
　　　◎グレイグ・ブラウン判事に聞く
　　　　ひとつの冤罪のケースが全てを変えた……56
5　世界の証拠開示システム……57
6　日本での課題――事前・全面開示の実現を……58

第4章
定着する可視化・証拠開示システム
――ミネソタ州の改革

1　取調べの可視化と証拠開示……63
　　1　スケール判決と取調べの可視化　63
　　2　ミランダ原則の実質化　64
　　3　拡大する証拠開示　64
2　ミネソタ州における取調べの録音手続の概要……65
　　1　取調べ全過程の録画へ　65
　　2　録音テープの弁護側への開示　66
　　3　公判前審問（プレ・トライアル・ヒアリング）　66
　　4　陪審法廷　67

3 取調べ録音制度導入の背景と効果……67
    1 録音・録画は事実認定を中立化・客観化した　69
> ◎サム・ハンソン判事に聞く
> 録音制度導入で客観的な判断が可能になった　69

    2 高く評価される録音システム──捜査側の反応　71
> ◎ポール・スコーギン検事に聞く
> 取調べのテープ録音は自白に関する論争をすべて解決　71
> ◎フレッド・マクドナルド警部に聞く
> 仕事が簡略化された　73
> ◎ピーター・カヒル検事に聞く
> 録音のないシステムにもう戻れない　74

    3 取調べの適正化へのインパクト　77

4 供述心理分析──録音・録画されると人は話したがらないのか……78
> ◎バリー・フィールド教授に聞く
> 取調べの録音に抵抗感はない　78

5 日本への示唆……79

第5章 目撃証言の誤りによる誤判

1 誤判の最大の要因──目撃証人による犯人識別の誤り……83
2 犯人識別の誤りに関する心理学者の研究……84
3 犯人識別の方法……85
    1 従来のライン・アップ　85
    2 順次・ダブル・ブラインド法　86
4 ノース・カロライナの改革……87
> ◎クリスティン・モマ氏に聞く
> 犯人識別手続に関する改革　88

5 広がる改革……90
6 日本での課題──犯人識別手続の早急な改革を……91

第6章
DNA鑑定の発展と冤罪の発見

1 **無罪を明らかにするDNA鑑定**……**95**
 1 DNA鑑定の発展　95
 2 活躍するイノセンス・プロジェクト　96

2 **イノセンス・プロテクション・アクト**……**97**
 1 DNA鑑定による救済システムの確立　97
 2 DNA関連証拠の保管義務　98
 3 保管義務の遵守を確保　99
 4 DNA鑑定による救済システムへの州の援助　99

3 **DNAと科学証拠**──イリノイ州での取り組み……**100**
 1 DNA鑑定などの科学証拠に対する権利　100
 2 新しい独立した科学研究所の設置へ　102

4 **日本での課題**──DNA再鑑定を受ける権利の確立を……**103**

第7章
公設弁護人制度の実情

1 **冤罪の原因としての「不適切弁護」**……**105**

2 **アラバマ州**──公設弁護人制度のない州で起こる出来事……**105**
 1 アラバマ州の刑事司法　105
 2 冤罪とその原因──アンソニー・レイ・ヒントン氏のケース　107
 ◎**ブライアン・スティーブンソン弁護士に聞く**
 貧しい人に対する弁護システムが確立していない……109

3 **ABAの提言と連邦政府の改革**……**112**
 1 ABAによる「不適切弁護」の告発　112
 2 死刑事件の弁護体制に関する改革　112
 3 イノセンス・プロテクション・アクトによる援助　112

4 **公設弁護人制度の整備された州では**……**113**
 1 ニューヨーク州の公設弁護人制度　113
 2 ミネソタ州の公設弁護人制度　114

5 日本での課題──適切な弁護を保障する弁護体制を　114

第8章 進む陪審改革
──市民にわかりやすい裁判、市民が積極的に参加する制度を

1 裁判員制度がはじまる……117
2 陪審員にわかりやすい裁判……117
 1 直接主義・口頭主義の徹底　118
 2 書証・実況見分図面などの工夫　118
 3 検察・弁護のプレゼンテーション　118
 4 弁護技術のトレーニング　118
 5 視覚に訴える立証　119
3 陪審員に対する裁判官の説示──ニューヨーク州を例に……120
 1 公開法廷での説示　120
 2 説示内容に関する統一　122
4 わかりやすい審理に──ニューヨーク州の陪審改革①……123
 1 陪審公判プロジェクトの提言　123
 2 わかりやすい説示に　124
5 市民が参加しやすい制度に──ニューヨーク州の陪審改革②……125
 1 陪審改革の出発点　125
 2 改革の内容　126
 ◎アンソニー・マニセロ氏に聞く
 　ニューヨーク州陪審改革の実情　128
 3 マンハッタン裁判所──市民の参加を支える裁判所の取り組み　130
 4 市民による陪審裁判のモニタリング　131
 ◎キンバリー・マデン氏とケン・ジョーカー氏に聞く
 　市民の陪審プロジェクトの活動──陪審制度の番人として　132
 5 さらなる改革　133
6 ABAの陪審改革……134
 1 アメリカ陪審原則　134
 2 市民への啓発・普及　134
7 日本での課題──よりよい市民参加の実現のために……135
 1 市民にわかりやすい裁判員制度への模索　135
 2 市民が積極的に参加できる制度のために　136

第9章 公判準備活動の保障

1 弁護側の十分な防御の保障という視点……137
2 公判前の手続に関するアメリカの実務……137
 1 ニューヨーク州の実務　138
 ◎ウィリアム・ヘラースタイン教授に聞く
 　公判準備で何をするのか……139
 2 連邦事件および各州のルール・実務　140
 3 連邦裁判所の憲法判断　142
 4 争点明示の強制は、デュー・プロセスに反する　145
3 弁護側の公判準備活動とその手段……145
 1 準備期間　146
 2 証拠開示　146
 3 証拠開示以外の方法による関係者の供述の把握　146
 4 検察官申請予定者に対する事前反対尋問　147
 5 証拠開示と公判準備　148
 ◎ジョナサン・ブロウン弁護士に聞く
 　弁護側の防御権がより尊重されるようになった……148
4 日本での課題──危険な公判前整理手続の改革を……150

第10章 周知徹底される無罪推定の原則

1 無罪推定原則の徹底……152
2 陪審員選定手続での無罪推定の強調……152
 1 裁判官による質問　153
 2 弁護人による質問　154
3 陪審員に対する説示　155
 ◎ニューヨーク州の陪審員に対する説示
 　無罪推定・証明責任・合理的な疑いを超える証明……155
 ◎ビックホルズ判事に聞く
 　無罪推定原則の徹底は法の根幹に関わること……157

4 日本での課題——無罪推定原則を踏まえた公判の必要性……158

第II章
誤判を生まない裁判員制度へ

1 適正な事実認定の条件……160
2 裁判員制度への提言……161
 1 取調べ過程の改革　161
 2 証拠開示　164
 3 公判準備　166
 4 弁護体制　168
 5 裁判員に対する説示・オリエンテーション　169
 6 選定手続　171
 7 市民にわかりやすい裁判・市民の主体的・積極的参加　172
 8 DNA鑑定・目撃証言　174
 9 無罪事件に対する控訴の禁止　175
 10 市民に無罪推定原則の徹底を　175
3 誤判を生まないための大胆な改革を……175

資料

資料1 全ての殺人事件について取調べ全過程の録音・録画を義務付けるイリノイ州の新法（725ILCS 5/103-2.1）　178
資料2 サリバン報告 取調べ全過程の録音・録画を実施している警察署・法執行機関の一覧（2004年夏段階）　180
資料3 ノース・カロライナ州証拠開示法　189
資料4 イリノイ州の証拠開示新法（725 ILCS5/114-13）　191
資料5 イリノイ州最高裁規則（2001年3月1日改正）　192
資料6 自由権規約委員会の日本政府報告書審査に対する最終見解（1998年）　199

ワンポイント知識　アメリカの刑事手続の流れ

 1 州によって異なる制度　6　　5 陪審裁判のしくみ　81
 2 逮捕から起訴まで　19　　　6 上訴・再審　93
 3 取調べ時間の制限　38　　　7 人種偏見と陪審裁判　116
 4 起訴後、公判まで　61

序章
深刻な司法の反省
―― 雪冤ラッシュを生み出したもの

1　死刑台からの生還

　いま、アメリカでは、過去の冤罪が次々と明らかにされ、死刑台から無実の人々が生還する、という劇的な事態が繰り返されている。

　民間団体である死刑情報センター（DPIC＝Death Penalty Information Center）によれば、全米で1973年から2005年までに122人の死刑囚が無実と判明し釈放されているという。[*1]

　死刑台から生還した者の人数の多い州は、フロリダが21名、イリノイが18名、ルイジアナ、テキサス、アリゾナが8名、オクラホマが7名、アラバマ、ペンシルバニアが6名、ジョージア、ノースカロライナ、オハイオが5名である。

　1993年以降全米の死刑台からの生還者数は、年間平均5人に増加し、2003年には1年間で12人もの死刑囚が死刑台から生還した。[*2]

　こうした事態を受け、1997年、全米法曹協会（ABA）は、死刑判決に多くの誤りが発生していることに懸念を表明し、死刑執行の停止を求める決議を採択した。

　1998年にはシカゴのノースウェスタン大学ロースクールの主催で、冤罪問題に関する初の全国会議が開催された。過去25年間に死刑台から生還した無実の元死刑囚30人が一同にステージに上り、「私は死刑台の一歩手前にいました」と訴え、会議の模様は主要メディアによって大々的に報道された。それまで、市民参加の「陪審制度」によって決められる評決に誤りがある、と考える市民は極めて少数だったが、この時を境に、少なくない市民が「無実の死刑囚」の存在について考えはじめるようになる。その後も、ニュースメディアでは「死刑台からの生還」のニュースが頻繁にとりあげられていく。

序章　深刻な司法の反省　1

全米初の死刑冤罪被害者の会議でステージにあがった元死刑囚たち（Photo：Mary Hanlon）

　この雪冤ラッシュ現象の一因として挙げられるのが科学技術の発展、とりわけDNA鑑定である。DNA鑑定は、多くの事件で死刑台からの生還の道を開いた。一見確実にみえる自白や目撃証言によって陪審が有罪評決を下した人間が実は無実だった、ということをDNA鑑定が証明したのである。この事実は司法の深刻な反省を促し、冤罪に対する社会の再検討がはじまった。
　死刑事件に限らない終身刑、懲役刑なども含めると、無実の発覚はさらに増える。例えば、ニューヨークのNPO「イノセンス・プロジェクト」（Innocence Project）は、カルドーゾ大学ロースクールと提携し、DNA鑑定による冤罪の救済と刑事司法改革提言をしているが、有罪判決後のDNA鑑定によって冤罪が発覚した刑事事件数は、2006年10月までで184人にのぼっている。[*3]
　こうした誤判の発覚を受けて、アメリカ連邦議会は、「イノセンス・プロテクション・アクト」（Innocence Protection Act）[*4]を2004年に通過させた。この法律は、すべての連邦事件の死刑囚・懲役刑囚に、無実を証明するためのDNA鑑定を請求する権利を認め、さらに、各州に対し、証拠を保存するための適切な方法を採択するとともに、州の再審手続においてDNA鑑定に道を開くよう促した。
　しかし、DNA鑑定は冤罪を救済するひとつの手段に過ぎず、DNA鑑定だけで刑事司法手続のすべての問題を解決できないことも事実である。

DPICの分析によれば、DNA鑑定によって無実が証明されて死刑台から生還した人間の数は全ての生還者の12パーセントに過ぎないという。冤罪の悲劇を繰り返さないためには、DNAによる事後的なスクリーニングでは不十分であり、アメリカの刑事司法が構造的に抱える問題に対処することが不可欠である、という認識が進んでいく。

　こうして、冤罪が多発した各州は、それぞれ調査委員会を立ち上げ、刑事司法を徹底して検証し、冤罪の再発防止のための改革を始める。

　死刑冤罪など死刑制度の問題点を検討し改革を実現するため、2000年以降イリノイ、アリゾナ、コネチカット、デラウエア、メリーランド、ノースカロライナ、インディアナ、ネブラスカ、ネバダ、ペンシルバニア、テネシー、バージニアの各州と連邦で、死刑問題の調査委員会が設置されて改革の検討が進められている。さらに、テキサス、オハイオでも調査委員会設置法が提案され、議会の一院を通過している。[*5]

2　アメリカの刑事手続における死刑

　本論に入る前に、アメリカの死刑制度の歴史と問題点について簡単に触れておく。

　かつてアメリカの死刑制度は、強姦が死刑の対象となるなど、対象犯罪の範囲が広範であり、かつ、黒人に対し差別的に死刑を科する運用が横行していた。公民権運動と機を一にして、このような運用に対する批判が始まり、また、死刑制度そのものを残虐な刑罰として反対する意見も広がっていく。こうした中、アメリカ連邦最高裁は、1972年に、フルマン対ジョージア事件において、死刑制度の運用が、きわめて恣意的、不平等に行われていることを理由に、現行の死刑制度は合衆国憲法に違反すると判断した。[*6]その後数年間、アメリカ全土では死刑が行われない期間が続いた。しかし、死刑制度を違憲とされたジョージア州を含む各州は、最高裁判決が指摘した問題点を回避するために、死刑対象事件の範囲を殺人などに限定し、事実認定と量刑手続を分離し、州法により定められた刑の過重原因を満たす場合にのみ死刑を科すことができる、などの改正を伴う新しい死刑制度を導入した。

■ 捜査機関の不正行為により、死刑囚となり釈放された人々
（2000年〜2005年）

被告人	州	釈放	理由
Derrick Jamison	オハイオ	2005	目撃証言の証拠不開示
Ernest Ray Willis	テキサス	2004	誤った科学鑑定
Dan Bright	ルイジアナ	2004	弾劾証拠の不開示
Laurence Adams	マサチューセッツ	2004	信用性のない証人
Gordon Steidl	イリノイ	2004	警察の不正行為
Alan Gell	ノースカロライナ	2004	証拠不開示
Nicholas Yarris	ペンシルバニア	2003	留置所内情報提供者
Joseph Amrine	ミズーリ	2003	証人の偽証
Timothy Howard and Gary James	オハイオ	2003	証拠不開示
John Thompson	ルイジアナ	2003	証拠不開示
Aaron Peterson	イリノイ	2003	拷問による自白
Leroy Orange	イリノイ	2003	拷問による自白
Ray Krone	アリゾナ	2002	誤った科学証拠
Juan Melendez	フロリダ	2002	証拠不開示
Charles Fain	アイダホ	2001	誤った科学証拠
Jeremy Sheets	ネブラスカ	2001	留置所内情報提供者
Joaquin Martinez	フロリダ	2001	警察の不適切な証拠
Gary Drinkard	アラバマ	2001	州の不適切な証拠
Peter Limone	マサチューセッツ	2001	証人の偽証
Oscar Lee Morris	カリフォルニア	2000	供述調書の不開示

＊Death Row Inmates Exonerated 2000-2005 After Official Misconduct、死刑情報センター「盲目の司法」（Brind Justice）より

　こうした新しい事態を受けて1976年、グレッグ対ジョージア事件でアメリカ連邦最高裁は、ジョージア州の新しい死刑制度を合憲と判断した。[*7]

　これを契機に、死刑制度は各州で復活する。しかしその一方で死刑を廃止する州も存在する。ミシガン、ミネソタ、マサチューセッツ、ハワイ、アラスカなどの12の州とワシントンDCが死刑を廃止している。[*8]さらに最近注目される

のは、死刑制度のある38州のなかで、死刑執行を停止する州が続出していることである。例えば、2000年にイリノイ州知事が死刑執行停止を決め、2002年にメリーランド州知事も死刑執行停止を宣言した。2004年にニューヨーク、カンザス州の裁判所が「死刑は憲法違反」と判断し、死刑執行が停止、2006年1月にはニュージャージー州が、法律により死刑執行を停止している。[*9]

―注―
* 1 Death Penalty Information Center, "Innocence and the Crisis in the American Death Penalty" (2004).
* 2 Death Penalty Information Center, "The Death penalty in 2004, Year End Report" (December 2004),DPIC Year End Report (2005).
* 3 http://www.innocenceproject.org/
* 4 Justice for All Act of 2004.として成立した法律の第4章がInnocence protection Actである。
* 5 Death Penalty Information Center, http://www.deathpenaltyinfo.org/article.php?did=236&scid=40
* 6 Furman v Georgia, 408 U. S. 238 (1972).
* 7 Greg v Georgia, 428 U. S. 153 (1976).
* 8 "The Death Penalty" http://www.clarkprosecutor.org/html/death/dpusa.htm
* 9 "Human Rights Watch Report" http://hrw.org/english/docs/2006/01/17/usdom12437.htm

州によって異なる制度

　アメリカの刑事事件には、連邦裁判所が管轄する連邦事件（テロや麻薬事件など）と、州の裁判所が管轄する州の事件（殺人、強盗、窃盗などほとんどの一般刑事事件）がある。連邦事件については連邦規則に基づいて全国一律の手続が行われるが、州の事件は州の権限で行われ、各州が独自の刑事手続を定めている。

　合衆国憲法の修正条項は、自己負罪拒否特権、デュープロセス、弁護人選任権、公正な陪審裁判を受ける権利など基本的人権に関わる規定をおいており、各州の手続はこの修正条項に違反することができない。州の刑事手続が合衆国憲法の修正条項に違反するか否かが争われる場合は連邦裁判所が介入し、憲法判断を行う。このような憲法違反の問題がない限り、州の刑事訴訟手続は州の自治にゆだねられる。こうして全国一律の刑事司法制度が存在しない状況下で、各州は各州の冤罪防止のため、それぞれ独自に改革を進めているのである。

第Ⅰ章
画期的な刑事司法改革
──イリノイ州の挑戦

1　知事の歴史的英断

　大都市シカゴを抱えるイリノイ州は、ノースウェスタン大学ロースクール内の「誤判救済センター」（Center on Wrongful Convictions）が積極的に冤罪事件の弁護に取り組み、序章で触れたように1998年には冤罪事件の全国会議が開催されるなど、冤罪事件についての活動の盛んな州である[*1]。

　一方で構造的な刑事司法の問題点を抱え、他方で積極的な刑事弁護の取り組みが行われた結果からか、イリノイ州は、死刑台からの生還数が全米で第2位に位置する。そして、メディアはイリノイ州であいつぐ著名な冤罪事件を大々的に報道した[*2]。シカゴ・トリビューン紙が冤罪事件に関する大規模で継続的な調査報道を行うなど、メディアはイリノイ州における冤罪についてキャンペーンを展開し、世論に大きな影響を与えた[*3]。

　2000年1月、スティーブン・マニング氏がイリノイ州で13人目の死刑台からの生還者となった。イリノイ州で死刑制度再導入以後死刑執行された人数は12人、死刑台からの生還者は執行された人数を上回る、という衝撃の事態であった。

　ときのイリノイ州のジョージ・ライアン知事は、ここで歴史的英断を下す。

　死刑執行の停止（モラトリアム）を宣言したのだ[*4]。「次々と死刑囚の無実が明らかになる、このような信用のできない刑事司法制度のもとで、ひとりたりとも死刑を執行するわけにはいかない。無実の人を執行してはならない」という考えによるものだった。

　そのうえで知事は、2000年3月、裁判官経験者、検察官、弁護人など州の刑事司法の専門家からなる死刑諮問委員会（通称ブルー・コミッション）を発足させた。委員会は、イリノイ州における死刑事件を過去に遡って徹底的に再検

討し、誤判の原因を明らかにして、冤罪防止のための提言を行うことを使命として発足した。

2 イリノイ州死刑諮問委員会

　こうして選ばれた委員会は、精力的な仕事をはじめる。この委員は専門家ぞろいだが、推理小説で知られるスコット・トゥロー氏も委員の１人であった。[*5]

　委員会は、死刑台からの生還を果たした13のケースの徹底した検討と、1977年以降の250件の死刑宣告事件に関する広範な再調査を行い、2000年８月、９月、12月にはシカゴとスプリングスフィールドで公聴会を開催する。そして、2002年４月15日、280頁にのぼる膨大な調査報告書と改革の提言を提出した。[*6] 2003年11月、委員会が勧告した提言の多くを実現する立法が州議会を通過した。

3 「被疑者取調べを全て録画せよ」

　委員会の勧告のなかで、最も画期的と言われる改革のひとつは、殺人事件について、「捜査段階の被疑者の取調べを全てビデオで録画すべし」というものだった。

　委員会は、「10人の死刑囚」としてメディアが報じた著名冤罪事件について徹底調査した結果として、「ほとんどの事件に共通する特色は、警察が過度に強制的に自白を引き出していると主張されていたことである。それらのケースのいくつかは、自白が被告人と犯行を結びつける決定的証拠であった」と結論づけた。

　とくに委員会は、クック郡（シカゴを含む都市部地域）のベル事件について注目した。同郡では、殺人事件で被疑者が自白している場面については全てビデオ録画する制度が確立しており、この事件でも被告人が自白をしている場面がビデオ録画されていた。陪審はこのビデオを見て被告人の自白は信用できると判断し、被告人を有罪とした。しかし、DNA鑑定で第三者の犯行であることが証明され、被告人は釈放された。ビデオ録画された自白は真実ではなかっ

8

たのだ。

　この経験は、ミランダ原則の告知と自白の部分だけのビデオ録画では虚偽自白を防ぐのに十分でないことを明らかにした。

　こうした調査を受けて委員会は、

　「殺人事件の全取調べ過程はビデオ録画されなければならない。単に調書作成過程だけでなく、全ての手続のビデオ録画が必要である」と勧告した。

　この勧告を受けて、イリノイ州議会は2004年、殺人事件の全取調べ過程のビデオ録画を州のすべての捜査・法執行機関に義務づける立法を通過させた。同法は2005年8月より施行している。

　全ての殺人事件について取調べ全過程の録音・録画を義務付けるイリノイ州の新法[*7]は、殺人事件等の重大事件について、つぎのように規定する（詳しくは**巻末資料1**）。

　(1)　いかなる刑事手続においても、警察署その他の留置場所において身体を拘束された被疑者に対する取調べの結果得られた口頭、書面または署名された供述は、以下の条件を満たさない限り、被疑者に対する訴追事件において、証拠能力がないと推定される。

　①身体拘束下での取調べが電子的に記録されていること。

　②記録が内容的に正確であり、意図的に改ざんされていないこと。

　また、全ての電子的記録は被疑者の供述に関連する事件の有罪判決が確定し、全ての上訴や人身保護請求の手段が尽くされるまで、または起訴が法律上退けられるまで、保管され続けなければならない。

　(2)　この規定に違反して身体拘束下の取調べがなされ、その取調べの際ないしその後に被疑者の供述が得られたと、裁判所が証拠により判断した場合、他の全ての規定が遵守されていたとしても、被告人に対する訴追事件の刑事手続において、証拠弾劾目的の場合を除き、証拠能力が認められないと推定される。

　（なお、例外として、電子的記録が不可能な場合、被告人が希望しなかった場合などがあげられている）。

新しい可視化制度を説明するシカゴ市警巡査
(2005年9月)

取調室の状況を外部(警察署内)でモニターしている

4　イリノイ州の被疑者取調べの実態

はたしてイリノイ州の被疑者取調べの過程で何が起こっていたのか。筆者は、「死刑囚の10人」と称される一人、ゲリー・ガウガー氏にインタビューをして、「自白」に至った当時を振り返ってもらった。

ゲリー・ガウガー氏[*8]に聞く
私はこうして「自白」させられた

死刑台から生還したガウガー氏と妻

事件　1993年4月8日、ゲリー・ガウガー氏の両親は、自宅であるイリノイ州の農場で殺害された。彼らは農業とモーターサイクルショップの経営をしていた。

両親の隣家で同じく農業を営んでいたゲリー・ガウガー氏は翌日父親がガレージで倒れているのを見て警察に通報する。警察はガウガー氏の身体を拘束し、一晩取調べて自白に追い込む。ガウガー氏は起訴後、「自白は強制された」と無実を主張。しかし、裁判では自白の証拠能力が認められ、自白と検視結果及び現場状況は矛盾しないとする検視官・科学者の証言、「私に対して彼は罪を認めた」とする同房者の偽証を補強証拠として有罪判決が下され、死刑となる。その後、シカゴのノースウェスタン大学ロースクールで冤罪事件に取り組んでいたラリー・マーシャル教授（当時）が事件を受任。自白の採取過程に違法があったことが認められ、有罪判決は破棄、ガウガー氏は解放される。

その後、モーターサイクルを利用していたギャング・グループが真犯人であったことが確認され、2000年に真犯人らに有罪判決が下る。

第1章　画期的な刑事司法改革　11

――どうして取調べを受けることになったのですか。

　殺害の翌朝、両親を見かけなかったので、両親を探しに出た私は、ガレージで父が倒れているのを見つけ、救急車を呼びました。そこから警察に通報されたらしく、警察官がやってきて父の死を確認しました。2、3時間後にトレーラーの中から母親の死体が見つかりました。

　私は1時間弱ほど両親のこと、事件直前の両親と私の行動について警察の事情聴取を受けました。その後警察は、午後1時から4時ごろまで、犯行現場を捜査しました。私は、その間、パトカーに外から鍵をかけられて拘束されました。午後4時を過ぎて、私は警察に連れて行かれました。警察は、私に対して逮捕手続はとりませんでした。

――ミランダ原則の権利は行使しなかったのですか。

　両親が殺された精神的ショックで、私は自分の法的地位や捜査の違法性を考えられませんでした。警察署ではミランダ警告を受けましたが、弁護士をつけたいとは申し出ませんでした。自分が容疑者だとは思っていませんでしたし、捜査に協力したかったからです。

　3人の警察官は午後8時半頃から質問をはじめ、「どうやって父親の死体をみつけたのか」「それまで何をしていたのか」という同じ質問を繰り返し、そのたびに「信用できない」と言い続けました。私は「家に帰らせてほしい」と言ったのですが、彼らは「家には帰れない」と言い、同じ取調べを続けました。

――どうして自白をしてしまったのですか。

　私は精神的ショックがひどく、非常に神経質で、ひどい状態でした。午後10時半頃にサンドイッチが出ましたが食欲がなく食べる気になりませんでした。15杯くらいコーヒーを飲んで血糖値は下がりました。そんな状況で追及され、信じてもらえずに、私は追い詰められていきました。そこで無実を証明するために「ポリグラフを受けたい」と真剣に考え、自分から申し出ました。

　ポリグラフは真夜中頃に始まりました。私の状態はすでに最悪でした。違う部屋に連れていかれ、1時間くらいポリグラフ検査をしました。ポリグラフ検

査のあと私は再び取調室に連れて行かれ、取調べが再開されました。警察官は「おまえはポリグラフ検査でシロと出なかった」と言いました。さらに、全ての証拠は私に不利だ、血のついた両親の服が私の部屋から出てきたなどと言いました。

午前２時を過ぎると、次第に１人の警察官が怒鳴りだし、「おまえの話は信じられない、どうやって両親を殺したんだ」と怒鳴り私を問い詰めました。私は混乱してわけがわからなくなりました。

そのとき、女性の警察官が「アルコールで意識を失って、家族を殺すことはよくあることだ」と言い出しました。記憶がないとしても仮定的なストーリーを話してはどうか、警察も協力するから、と説得されました。そのときは、金曜の深夜を越して土曜の午前２時半頃であり、呼べる弁護士はいませんでした。

結局、私は午前２時半頃から仮定的なストーリーを話しはじめ、警察が調書に書き取りました。私は母親の喉を切った経過を話しているうちに感情がこみ上げてきて泣いてしまいました。私は「泣き出したのは自分のどこかに殺した記憶が残っているからに違いない」と思ってしまい、本当に自分が両親を殺したのだという気持ちになりました。私はそれまで両親に声を荒げたこともなかったので、自分が殺したようだということが本当にショックでした。私は感情がこみ上げて、供述調書作成が終了した後も１時間以上泣きつづけました。私は大声で泣いていました。午前４時半頃になって私が泣き終えたのを見て、警察官は殺害の動機を追及し始めました。しかし私には動機がなく、それ以上話せなかったのです。

――どうやって正気にもどったのですか。

朝５時半頃に私は囚人服を着せられ、再び新しい警察官が私に質問をはじめました。その朝、何をしていたか、と聞かれ、私はその日の記憶――午前９時過ぎに起床して、サンドイッチを食べ、農作業をしに行ったことを思い出しました。それで突然、警察が話をつくりあげただけで、自分はやっていない、とはっきりしました。ものすごい解放感でした。そこで、私は本当のことを話し始めましたが、警察官は「そんな話は聞きたくない」と言い出しました。

翌朝までのはっきりした記憶がありません。私は疲れを通り越して恐ろしい精神状態でした。私の両親は殺され、私は洗脳されて虚偽の自白をしてしまったのです。ショックだったし、混乱して、とてもつらかったです。朝の10時頃、私は全てを終わりにしたくて、「弁護士に会いたい」と言いました。その後警察は2度と質問をしなくなりました。私は作られた供述調書にサインをしませんでした。その後、警察が全て嘘をついていたことがわかりました。警察が話していた「血のついた衣服」というのは存在しなかったし、ポリグラフの結果はフラット（嘘をついていないことを示す）だったのです。

──公判で自白について争いましたね。

はい。しかし、私は自白を根拠に、ほとんど物証は何もないのに死刑宣告されました。取調べ過程のビデオは取られていなかったので、真実を証明できませんでした。私の主張に対して、取調べに関与した3人の警察官が法廷で証言に立ちました。彼らは、私が自発的に警察にきて、自発的に話をし、話を続けたがった、取調べをやめてほしいとも、眠りたいとも1度も言わなかった、と嘘の証言をしました。

──1日の取調べで洗脳されて本当に自分がやった、と思いこんでしまったのですか。

私の経験から、人を洗脳して「自分が犯罪をおかした」と思いこませるには、3、4時間あれば足りると思います。警察は暴力をふるったわけではありません。単に私を取調べ、非常に感情的に怒鳴っていただけですが、私は追い詰められました。特に私は精神的に弱い立場にありました。私の両親が殺されたからです。見知らぬ者が私を嘘つきだといいつづけても、私は放っておけたでしょう。しかし当時私は警察を信じていたのです。

──日本では23日間拘束して取調べができるのですが……。

それでは、警察に抵抗したいと思っても自白を取られてしまうでしょう。被疑者にはそこから逃れるチャンスはないに違いありません。そんなに長い期間取調べられるのがどんなことなのか、経験していない人には到底理解できない

ことでしょう。

──このような事態を防ぐために、何か提案がありますか。

　こうした悲劇をなくすには、取調べの最初から最後までを録画すべきです。自白のところだけではだめです。警察は、どんな取調べをしても、またそのことについて公判でどんな偽証をしても、自分たちがとがめられないと思っているから、同じことを繰り返すのです。

　筆者がイリノイ州に行った2005年9月、イリノイ州では、クック郡の拘置所の元職員が、組織的に被疑者に暴行を加えていた事実が、職員自らの告発によって明らかになり、また、殺人被疑者として誤って逮捕・起訴された8歳の少年の無実が判明し、シカゴ市が620億円の損害賠償を支払うことで和解したなど、取調べの違法をめぐる一連の問題でなおも騒然としていた。警察の違法行為は根深く、その清算はまだまだこれからという印象を受けた。

　しかし、イリノイ州の取調べの録画システムはとにかくスタートした。これは、警察の違法行為を抑圧し、冤罪を根絶するために大きなインパクトをもたらすこととなるだろう。

5　イリノイ州が進める刑事司法改革

　イリノイ州死刑諮問委員会は、取調べの録音・録画以外にも貴重な提言をまとめ、そのうち多くが立法化されている。また、この死刑諮問委員会の提言に先立ち、イリノイ州最高裁も、死刑事件に関する適正な判断の実現を目指して「最高裁死刑事件特別委員会」（Special Supreme Court Committee on Capital Cases）を設置、最高裁規則を通じて改革を実現した。イリノイ州における冤罪防止のために提言された改革には以下のようなものがある。

（1）　**証拠開示**（第4章、6、9章参照）
①殺人事件の捜査を担当した捜査機関は、検察庁に対して被告人に有利な証拠・情報を含む手持ち証拠の全てを送付する義務を負う（諮問委員会提言→立法化）。

②検察官は全ての死刑適用事件について、公判の14日前までに、「捜査機関との連絡・調整を経た上で、被告人に有利な証拠を含む開示すべき全ての証拠の開示義務を尽くしたとの検事正ないし司法長官の証明書を裁判所に提出しなければならない（最高裁規則として実現）。

③全ての死刑適用事件で、弁護側は検察側申請予定証人に対する公判前反対尋問（デポジション）を行うことができる（最高裁規則として実現）。

④全ての重罪事件でDNA鑑定に関連する詳細な証拠開示を検察に義務付ける（→最高裁規則として実現）。

(2) **目撃証言**（第5章参照）

①目撃証人の犯人識別に関する正確性を高めるための実務の改善のためのパイロット・プロジェクトを行なう（州議会の承認を経て州内の3つの警察署において実施）。

②犯人識別を行う証人に対し、警察官は事前に適切な説明を行わなければならず、面割・面通しの過程は可能な限り、写真撮影、録音・録画されなければならない（立法として実現）。

③被告人と犯人の結びつきに関する証拠が、一人の目撃証人の証言（ないし共犯者の自白）しか存在しないケースについては死刑を科すことができない（立法として実現）。[12]

(3) **科学証拠**（第6章参照）

①DNA鑑定等の科学鑑定を受ける権利を保障し、生物学的証拠の保管を訴追側に義務付ける（立法として実現）。

②州から独立した法医学実験室を設立する（既存の法医学実験室は州の警察によって運営されており、結論が偏っていることが明らかになったため。この改革はまだ実現していない）。

ここでイリノイ州が提起し、進めている改革はアメリカの全ての州に共通する課題であり、改革の動きが全米にひろがっている。

6　遅れる日本の制度改革

日本においても、死刑四大再審事件を初め、いくつもの冤罪事件が発生した。

2005年には、名張毒ぶどう酒事件、布川事件という二つの重要事件について相次いで再審開始決定が出された。しかし、このような状況のもとにあっても、冤罪の原因を徹底して研究し、その再発を防止するための制度改革、とりわけ捜査過程の抜本的改革を実現しようというイニシアティブ（立法提案）は、民間からの多くの問題提起にもかかわらず、司法・立法・行政のいずれからも取られてこなかった。

　2000年以降の司法改革にあたり、司法制度改革審議会がつくられ、新しい刑事裁判のあり方として「裁判員制度」が提起され、司法制度改革実現本部（内閣府）には「裁判員制度・刑事検討会」も設置された。しかし、同検討会は、裁判員制度下における制度設計の議論に終始し、冤罪の根本原因を分析して、その防止のために刑事司法改革を実現するという取り組みはほとんどなされなかった。

　確かに、刑事裁判に市民参加を導入する意義は大きい、しかし、それだけでわが国の刑事裁判の抱える問題が解決するわけではない。イリノイ州の提起する取調べの可視化、証拠開示の拡充、目撃証言、科学証拠など、冤罪の原因と改革の提言は、日本においても深刻な問題として提起されてきた論点を含んでいる。

　イリノイ州をはじめとするアメリカの連邦政府と各州が、相次ぐ冤罪に対応してその是正のために次々に調査委員会を立ち上げ、徹底した誤判分析のもとに思い切った改革を提案し、速やかに実現していることは注目すべきである。市民参加の裁判員制度を導入しようとするわが国も、このようなアメリカのダイナミックな改革の取り組みに学ぶべきである。

―注―
* 1 http://www.law.northwestern.edu/wrongfulconvictions/
* 2 Northwestern University School of Law ,Center on Wrongful Convictions "Making history".
* 3 シカゴトリビューン紙 "Justice derailed" 9回連載で冤罪事件を取り上げたものである。
http://www.chicagotribune.com/news/specials/chi-justicederailed-htmlstory,0,4537498.htmlstory?track=ctsearch
* 4 Death Penalty Information Center, "Innocence and the Crisis in the American Death Penalty" (2004).
* 5 スコット・トゥロー（指宿信・岩川直子訳）『極刑――死刑をめぐる――法律家の思索』（岩波書店、2005年）。
* 6 "Report of the Governor's commission on capital punishment" (April 15, 2002).
この報告書について紹介した日本の文献としては、田中輝和・高倉新喜「死刑に関するイリノイ州・州知事委員会報告書（2002年）」東北学院大学法学政治学研究所紀要12号（2004年）、同「死刑に関するイリノイ州・州知事委員会報告書第3章」東北学院大学論集（法律学）63号（2004年）、田中輝和「イリノイ州死刑えん罪の原因と対策――死刑に関する州知事委員会報告書を基にして」『刑事法学の現代的課題（阿部純二先生古稀祝賀論文集）』（第一法規、2004年）、高倉新喜「イリノイ州の取調べ可視化への動き――ライアンレポート」季刊刑事弁護42号（2005年）126頁。
* 7 725ILCS 5/103-2.1.
* 8 Northwestern University School of Law, "Gauger Exonerated".
http://www.law.northwestern.edu/depts/clinic/wrongful/exonerations/gauger.htm
* 9 シカゴ・トリビューン2005年9月20日。
* 10 同上。
* 11 "Report of the Governor's commission on capital punishment" (April 15, 2002).
* 12 Thomas P. Sullivan "Preventing Wrongful Conviction-A current report from Illinois" (Drake Law Review, volume 52).

逮捕から起訴まで

　被疑者は逮捕されてから遅滞なく裁判所に出頭して、裁判官の面前で身体拘束の理由を確認されなければならない。この手続を「最初の審問」(first appearance) と呼ぶ。

　「遅滞なく」というのは、州によって24時間のところも48時間のところもあるが、最高裁判例は48時間が上限としている（Country of Riverside v. Mc Laughlin, 500 U. S. 44〔1991〕）。

　公設弁護人制度のある州では通常、「最初の審問」の行なわれる法廷に公設弁護人が待機しており、まだ弁護人のいない被疑者とその場で面接をして弁護人に就任することが多い。この最初の審問の場で逮捕事実が確認され、被疑者は自分の言い分を主張する。

　裁判官は不当な身体拘束と認めれば釈放をし、釈放がされない場合は保釈条件が決定される。殺人など重大事件でも高額な保釈金支払を条件として保釈が認められ、一切保釈が許されないケースは極めて例外的である。また、最初の審問ではその後の手続の日程も決定される。

　起訴の手続の流れは州によって異なるが、ここでは一例としてニューヨーク州の手続を紹介する。ニューヨーク州の場合、起訴は、重罪事件（殺人など）については大陪審（Graud Jury）の決定により、軽罪事件（単純暴行など）は検察官の判断によって行なわれる。大陪審手続とは、市民のなかから選ばれた人々（大陪審員）が、検察官の提出する証拠や証言を聞いて起訴するに足りるだけの証拠が存在する、と認定した場合に起訴を認める手続である。

　重罪事件では、検察官は被疑者を逮捕してから6日以内に、大陪審の面前に被疑者を起訴するに足りる主要な証拠を提出し、主要証人の証言を確保しなければならない。

　大陪審が起訴するに足る証拠があると判断した場合は、起訴が決定され、そのように判断しない場合は不起訴とされる。起訴するに足る証拠があるとの心証は、証拠上の優越、すなわち証拠によって認められる50パーセントを上回る有罪心証とされる（probable causeと呼ばれる）。

第2章
ミランダ原則と取調べの可視化

1 ミランダ原則とその形骸化

　前章でみたイリノイ州の冤罪の一大要因である自白の強要は、アメリカにおいて普遍的なものなのであろうか。

　ミランダ原則が確立したアメリカ、イリノイ州において、日本と同様に「自白の強要」が誤判の主要原因というのは、驚きに値する。その背景をさぐり、オールタナティブとしての取調べの録音・録画制度の広がりを見ていこう。

1 ミランダ判決とは

　アメリカ合衆国憲法は、修正第5条で「何人も、刑事事件において、自己に不利な証人となることを強制されない」と定め、この規定に反してとられた自白は憲法違反として証拠から排除される。自白がこの憲法の原則に合致するかどうかは、1966年までは、「任意になされた自白か」という基準（任意性基準[*1]）によって、事実認定の過程で判断されてきた。この基準は、日本における自白の任意性判断とほぼ同様である。[*2]

　例えば、1944年のテネシー対アシュクロフト事件は、連続36時間の取調べにより得られた自白の任意性を否定し、違法と判断した。[*3]この例をみれば、当時の実務は被疑者の人権に配慮しているとはいえず、アメリカの司法は極端なケースについてのみ救済してきたことがわかる。

　そのようななかで1966年、連邦最高裁はミランダ判決（Miranda v. Arizona）を出した。[*4]ミランダ判決は、身体拘束下の取調べに大きなインパクトを与えるものだった。

　ミランダ判決は、つぎのようにいう。

　(1) ミランダ警告

「当局によって身体を拘束され、自由を奪われた個人が取調べを受けるとき、

自己負罪拒否特権は危険に晒される。

　自己負罪拒否特権を守るためには、手続的なセーフガードが講じられなければならない。個人の黙秘権が告知され、黙秘権行使が完全に尊重されることを確実にするため、他の完全に有効な措置が取られない限り、以下の措置を取ることが要求される。

　即ち、個人は、いかなる質問にも先立って、黙秘権を有すること、彼のいかなる供述も裁判において不利に取り扱われる可能性があること、そして彼は弁護人の立会いを求める権利があり、弁護士費用を支払えない場合でも希望すれば質問の前に弁護人を選任できることを警告される必要がある。これらの権利は取調べの間いつでも行使できなければならない」。

　そして警告後の手続について判決はこう述べる。「ひとたび、警告が出されれば、その後の手続は明確である。もし個人がいかなる方法であれ、取調中いつでも、黙秘したいと意思表示した場合、取調べはやめなければならない。」

(2)　権利の放棄

　ミランダ原則上の権利の放棄について判決は以下のとおり慎重な態度をとる。「以上の警告が出され、機会が保障された後で、個人が認識と意図をもってこれらの権利を放棄し、質問に答え、供述調書をつくることはできる。しかし、このような警告と放棄が検察官によって公判で立証されない限り、取調べで得られたいかなる証拠もその個人に不利益な方向で使用できない」。「もし弁護人の立ち会いのないまま取調べが続けられた結果自白が得られた場合、政府は被疑者の自己負罪特権と弁護人選任権が認識と意図を持って放棄されたことを立証するために重い立証責任を課される。当裁判所は常に憲法上の権利の放棄について高い水準の証明を設定している」。「当局が被告人の権利の放棄を証言する際、供述調書作成前の取調べ及び身体拘束の期間が長いことは、被告人が彼の権利を有効に放棄していないことの強い証拠となる」[*5]。

　「権利の警告と放棄は修正第5条の特権に関わる根本的なものであり、現状の取調べ実務の前提としての儀式に止まるものではない」。

(3)　このように、ミランダ判決は、すべての身体拘束下での取調べは本来的に強制的であるとの基本認識に立ち、その強制的要素を払拭するには、取調官が事前に、

第2章　ミランダ原則と取調べの可視化　　21

①黙秘権の存在
　②自白をすれば自己に不利な証拠となる可能性があること
　③弁護人の立会いを求める権利があること
を被疑者に告知・説明し、取調べに先立つ警告を与えることが不可欠である（これをミランダ警告と呼ぶ）と宣言した。

　そして、この警告を理解したうえで有効な権利放棄がなされたと認められないかぎり、身体拘束下のすべての自白は憲法違反である、と判断したのである。

　ところが、このミランダ判決に対する合衆国議会の反応は極めて否定的であった。議会はこの判決直後に、「身体拘束された被疑者の供述調書の証拠能力の有無はミランダ原則ではなく、任意性判断によって判断される」とする法律（18 U. S. C. 3501）を通過させたのだ。[*6] 他方、裁判実務では、ミランダ原則が全米に浸透していく。ミランダ判決をめぐって司法と立法の対立が続く。

　この対立に終止符を打ったのはディカーソン事件対合衆国（Dickerson v. US）だ。2000年に最高裁は同事件判決で、あらためて「ミランダ原則」が憲法上の原則であること、最高裁はミランダ判決を変更しないことを確認した。当時のリンクィスト最高裁長官は、「ミランダ警告はわが国の文化の一部になり、日常の警察実務に定着している」と述べ、ミランダ原則を擁護した。[*7]

2　ミランダ原則の形骸化[*8]

　ミランダ判決は、身体拘束下の取調べに根本的な変化をもたらした画期的な判決である。しかし、ミランダ原則の現実のインパクトについては議論が分かれるところだ。

　筆者が各州において公設弁護人などにインタビューを行った結果、ほとんどの弁護人が「ミランダ原則の形骸化」を口にしていた。1998年、ABAの刑事手続委員会は、「ミランダ原則は捜査機関にとって大きな障害となっていない」という報告を発表した。[*9] 統計によれば、重罪被疑者のうち警察においてミランダ原則の権利行使をしているのは12.1％に過ぎないという。[*10]

　なぜ、多くの被疑者がミランダ原則上の権利を「放棄」するのか。
　まず、被疑者は逮捕されたこと自体に動転し、通り一遍に告げられたミラン

ダ警告にほとんど注意を払わない場合も多く、また警告の意味を正確に理解できない場合も多い。さらに警察が被疑者を騙して権利放棄に至らせる場合も多い。

テレビレポーターのデビッド・サイモンが出版した"Homicide"（殺人事件）（1991年）は、著者のボルチモア警察殺人捜査班潜入ルポであるが、「警察がいかにテクニックを駆使して被疑者を騙し、憲法上の権利を放棄させ、ミランダ原則を形骸化させているか」を克明にレポートしている。

権利放棄は口頭でもよいとされ、警察は警告を「理解した」との被疑者の言動があればすぐに取調べに移行することが多い。多くの冤罪に共通するのは、「被疑者は真犯人である」と確信した取調官がテクニックを駆使して心理的に被疑者を追い詰め、「自白するしかない」という心理状況に陥れて、自白に追い込む、というパターンである。そしてひとたびミランダの権利を放棄した後は、取調べで何が起きたか、について立証手段をもたない被告人は圧倒的に不利な立場に置かれることになる。

ミランダ警告からその放棄、そして自白に至る経過を客観的に記録するシステムがないかぎり、「有効な放棄をした」「騙された」という水かけ論争が法廷で繰り広げられ、立証手段を持たない被告人の主張はほとんど退けられるという。サイモンは著書の中で「もしすべての事実が知られたなら、たとえばすべてのやりとりがテープ録音されたなら、どんな裁判所もミランダ原則を破棄しないかぎり供述調書を採用できないはずだ」と訴えている[*11]。

同様のテクニックはほかの警察署でも使われているという[*12]。

ミランダ原則に関する実務家・研究者の意見・感想を紹介する。はじめに、弁護士でミネソタ州ネイバーフット・ジャスティス・センター所員のジェイ・バーチャー氏、ついでミネソタ大学教授のリチャード・フレイス氏である。

ジェイ・バーチャー弁護士に聞く
内容を正確に理解している人は少ない

ジェイ・バーチャー氏

　ミランダ原則は映画やドラマで出てくるので、誰でも知っている。子どもたちに聞けば誰でもミランダ原則を知っています。

　しかし、ミランダ警告は、ドラマなどで単に「この人は逮捕されるのだ」という場面展開の決まり文句のように取り扱われ、その後に警察の厳しい取調べの場面が始まるのが普通です。

　ですから、決まり文句を聞いて「ああ逮捕されるんだな」と認識することはあっても、警告の中身を真剣に考える人や、正確に理解している人は少ないと思います。あまりにもミランダ原則が普及しすぎたせいだと思うのですが、実際に逮捕された人間は、ミランダ警告を受けても、インパクトを感じることがありません。儀式のように受け流してしまいます。

リチャード・フレイス教授に聞く
さらなるセーフガードとして取調べの録音・録画へ

リチャード・フレイス氏

　ミランダ原則については、警察も経験を積んで告知の仕方を工夫していて、被疑者の注意をほとんど引かないようなインパクトのない言い方で告知するのに非常にたけています。単なる儀礼的な決まり文句に過ぎず、被疑者も実際ほ

とんど関心を払わないのが実情です。多くの被疑者は、沈黙を貫いていると話がおおごとになると思って、沈黙よりむしろ話をするのを望みます。仮に無実でも、沈黙しているよりは何か適当なことを言って警察の取調べから早く逃れようとする傾向があります。

ミネソタ州ではミランダ原則に基づく権利を放棄する場合、放棄証書にサインをしなければならないのですが、被疑者はサインをすることをそれほどためらいません。しかし、こうしていったん権利放棄をして話をし始めてしまうと、警察の追及の前に途中で取調べをストップできず、最後まで取調べられてしまうことになります。

もし被疑者が弁護士に相談すれば弁護士は通常、「話をするな」とアドバイスします。警察はこのことを知っているので、被疑者が「弁護士を呼んでほしい」というと取調べは止まります。「弁護士を呼べ」これがマジックワードなのですが、そのようなことを知っている被疑者は少ないのです。

このようにミランダ原則は事実上機能していないのです。そこで被疑者の権利を守るためのさらなるセーフガードが必要だということが議論され、新たなセーフガードとして取調べ全過程の録音・録画を求めるのがアメリカの刑事訴訟法学者の趨勢となりつつあります。

2　取調べ可視化への流れ

こうしたミランダ原則の形骸化、という事態を受けて、90年代以降、刑事訴訟学者の間では、ミランダ原則に代わる新しいセーフガードをめぐる議論が活発に展開され、ミランダ原則の遵守と並んでイギリスの制度に倣った「取調べの可視化」の採用を提言する意見が相次いだ。そしてこれは現実のものとなっていく。[13]

1　各州での制度化

アラスカ州では1985年以降[14]、ミネソタ州では1994年以降[15]、それぞれ州最高裁判例により、取調べ全過程の録音が義務づけられ、定着している。

テキサス州は2001年、ミランダ警告および被疑者の自白部分がビデオ等によ

って録画されていない自白は原則として証拠採用されない、とする立法を誕生させた。[16]

　イリノイ州は2004年に、立法により殺人事件に関する取調べ全過程のビデオ録画を義務付ける法律を制定したが、その後、ワシントンDC（暴力犯罪）[17]、ニューメキシコ（重罪事件）、メイン州で相次いで取調べの録音ないし録画を制度化する立法が実現した。[18]

　注目すべきは、アラスカ、ミネソタ両州と同様に、裁判所の主導で可視化が実現される州が増えていることである。

　ニュージャージー州では、2004年州最高裁判例の勧告を受けて、最高裁内に「取調べの可視化検討委員会」（The Special committee on the Recordation of custodial interrogations）が発足。殺人等重大事件について、原則として取調べの可視化（録音または録画）を捜査機関に義務付ける制度を提案し、2006年1月より殺人事件について、2007年1月よりその他の重大事件につて取調べの可視化が実施される。[19]

　マサチューセッツ州最高裁は2004年、自白の任意性が争われ、録音・録画がなされていないケースでは、裁判官は陪審に対し、以下のとおり説示しなければならないと決定した。[20]

　「州の最高裁は、可能な場合は取調べが録音・録画されるのが望ましいと考えています。陪審員のみなさんは、録音・録画がなされていないケースでは、検察官が任意性立証について立証責任を尽くしていないと判断することができます」。

　ウィスコンシン州最高裁は2005年、身体拘束された少年に対する取調べについて、取調べの可視化を義務付け[21]、これをきっかけとして立法の準備が進んでいる。[22]

2　ABAの提言

　全米法曹協会（ABA）は、弁護士に加え多くの有力な裁判官がその会員になっている全米最大の法律家団体である。ABAも、連続した冤罪事件の発覚という事態を受けて、「冤罪問題委員会」を発足させ、冤罪防止のための研究を行っている。その研究のひとつの答えとしてABAは2004年2月、全米各州

に対し、取調べ全過程の録音・録画を求める立法または裁判所規則の制定を求める提言を発表し、その実現にむけて行動を開始した。[*23]

なぜいま取調べ全過程の録音・録画が必要なのか、自白の専門家であるノース・ウェスタン大学教授のスティーブン・ドリズィン氏の見解を紹介する。

ドリズィン教授に聞く
なぜ、取調べの可視化なのか

スティーブン・ドリズィン氏

　私は10年以上自白を研究しています。なぜ、人はやってもいない重大事件について自白するのか。それは重罪事件ほど、被疑者に対し自白を求める多大なプレッシャーがかかるからです。その際に警察が使うのは攻撃的な取調べによって被疑者を心理的に追い詰め自白に追い込むというテクニックです。虚偽自白の要素は、捜査側の攻撃的な取調べと、被疑者側の脆弱性のコンビネーションによって生まれます。

　被疑者が少年であったり、知的水準が遅れていたり、法律に無知であることは、脆弱的な人間の典型ですが、普通の人も自白してしまいます。警察は、心理的な抵抗を乗り越えて被疑者を自白に至らせるのです。アメリカの警察官は、自白を獲得するとき、被疑者を真犯人と信じ込みます。また「自分は無実だ」という被疑者の確信を打ち砕くためのテクニックを訓練しています。取調べで警察官は、共犯者が自白した、証拠はあなたが犯人だと示している、ポリグラフでクロと出たなどと嘘を言い、そのようなテクニックは被疑者を絶望的な気持ちにさせます。この段階で警察官は、自白するインセンティブを被疑者に与えます。具体的な利益の約束ではなく、あいまいなものです。「犯罪は偶発的なものだったのではないか」など、責任減少や減刑につながる暗示を与え

て被疑者をわなにかけます。疲れきった被疑者はもう逃れられない、最低限の刑ならば認めてしまおうと考える。これがパターンです。

　こうしたサイクルを止めるのは取調べの録音・録画です。被疑者も、警察も、みな記憶の減退という人類共通の現象から逃れられません。録音・録画以外に取調べ過程の確実な再現方法はありません。虚偽自白と真の自白を区別するには、被疑者のした自白を詳細に分析し、警察が握っている証拠から独立して自白が存在するか、を見極めるのが一番です。そうした分析を完全に行なう方法は、取調べ過程全てを録音・録画して分析するしかありません。正確に自白を吟味し、信用性を判断するためには、取調べ全過程の録音・録画が必要です。

3　全米の警察で広がる自主的な録音・録画──サリバン・レポート

　アメリカで進む取調べの可視化は、立法や判例に基づくものばかりではない。驚かされるのは、各州の警察がそれぞれ独自の判断で自主的に可視化を実現していることである。日本では警察において可視化に対する抵抗が強いが、米国の警察のなかには、可視化に捜査遂行上のデメリットではなくむしろメリットを見出し、積極的に導入する例がどんどんひろがっている。

　弁護士で、かつてアメリカで最も影響力のある検察官のひとりであったトーマス・サリバン氏は、イリノイ州死刑諮問委員会の共同議長を務め、イリノイ州における取調べの可視化に道を開いた中心人物である。

　彼は、イリノイ州で取調べの録音・録画制度を導入するに際し、全米の警察署にその実施についてアンケート調査を行い多数の回答を得た。その内容は「サリバン・レポート」[*24]（2004年夏発表）として知られている[*25]（**巻末資料2**）。

　サリバン・レポートによれば、サリバン氏が2004年夏に回答を得た範囲で、全米38州の238警察署で取調べの録音ないし録画が実務として実現しているという。この実務はその後さらに拡大し、2006年4月段階では少なくとも450の警察署が取調べ過程の録音・録画を行っているという驚くべき普及状況である[*26]。

　これらの中には取調べの可視化を制度化している州のほかに、捜査機関が自

サリバン（弁護士・イリノイ州死刑諮問委員会議長）氏

主的な判断で可視化を実施している例が多く含まれている。例えば大都市では、ロスアンゼルス、サンフランシスコ、サンディエゴ（カリフォルニア州）、ラスベガス（ネバタ州）、ヒューストン、オースティン（テキサス州）、マイアミ（フロリダ州）、ホノルル（ハワイ州）、ポートランド（オレゴン州）などの警察署で、自主的な取調べの録音・録画が実現している。 最近では、デトロイト市が、虚偽の自白による冤罪被害者からの損害賠償請求訴訟の和解の一環として、市の全ての警察において、仮釈放なし終身刑が適用される全ての犯罪の取調べ過程をビデオ録画することを決定した。

全米の警察署からサリバン氏に寄せられた、取調べの録音・録画実務に関する感想はどれも非常に肯定的である。取調べの録音・録画を導入した警察署はほとんど一致して「もう録音・録画のない時代には戻れない。戻りたくない」と回答し、録音・録画のもたらす利益が不利益を圧倒的に上回っているとの認識を示した。

アンケート結果に基づき、サリバン氏は、可視化導入によって捜査機関側が得たメリットとして、以下の指摘をしている。

①取調べの録音・録画により、取調べ過程は全て明らかになるので、捜査機関は、自白の違法性に関する被告人からの虚偽の申立てから解放され、自

第2章 ミランダ原則と取調べの可視化　29

白をめぐる水掛論争にわずらわされなくて済むことになる。
② 警察官は、メモを取ることに神経をすりへらすことなく、事情聴取に集中できる。
③ 警察官は記憶を喚起しながら供述調書・報告書を作成する必要がなくなり、また記憶の減退により重要な事実を見落とすような事態を回避できる。
④ 警察官は取調べの録音・録画テープを再生することにより、取調べの際に見逃していた手がかりや供述の矛盾を確認することができる。
⑤ 実務上、録音・録画のために被疑者が取調べに応じない、という影響は見られない。多くの警察署は被疑者に告げずに録音・録画を行っており、また、被疑者が録音・録画されたままでは話をしないと述べた場合、そこでテープを止めればよい。
⑥ 取調べ過程を録音・録画し、その後検証することは、新人警察官のトレーニング、熟練した警察官の能力向上にも有用である。
⑦ 警察は「身体拘束下の取調べの現実は、市民に対して何ら隠すべきところがない」と示すことができ、市民の捜査に対する信頼を獲得することができる。

サリバン氏は「電子的記録は、米国のあらゆる警察当局を含む国民的関心事であり、迅速かつ包括的に処理されなければならない。立法府、裁判所および警察当局は、州および連邦を問わず、すべての勾留中の取調べにミランダ警告から最後までの電子的録音・録画を義務づけることを検討すべきである」と同レポートで結論づけている。

サリバン氏は現在全米で取調べの可視化を実現しようと活動しており、取調べの可視化のモデル法案を作成し、全米での実施を提案している。

4　自白過程の録音・録画だけで十分か——限定的な可視化が生み出す冤罪

アメリカを代表する州であるニューヨーク州でも取調べの可視化をめぐる論争が盛んである。

ニューヨークの取調べの可視化は部分的なものにとどまる。ニューヨーク州

では郡（カウンティ）単位で、検察庁が検察官による取調べのビデオ録画を実務に取り入れている。一方、警察の取調べ過程の録音・録画は、ニューヨーク警察（NYPD）が強く反対しているため、実現していない。

そこで、ニューヨークのマンハッタン、ブルックリンなどの都市部では、重罪事件について、警察官から検察官に「被疑者が取調べに協力すると言っています」という連絡が入ると、検察官が警察に出向いて被疑者の取調べをし、自白の過程をビデオで撮影する、という実務になっている。

一見すると何もないよりは進歩的と見られるこの制度だが、逆に冤罪を作り出す落とし穴にもなる。このことを示したのは、ニューヨークで発生した著名な冤罪事件、セントラル・パーク・ジョガー事件である。[*27]

1　セントラル・パーク・ジョガー事件

1989年４月、ニューヨーク市民の憩いの場、セントラル・パークで、投資銀行に勤務する若い白人女性がジョギング中に襲われ、集団暴行・レイプをされ、意識不明の重態のままセントラル・パークに放置される、という事件が発生した。

事件は大きく報道され、ニューヨーカーの同情が集まった。被害者の女性は14年間プライバシーを隠していたが、2003年４月にカミングアウトしCNNなどに出演、話題になった。しかし、この事件をさらに著名にしたのは、有罪判決を受けた被告人たちが実は無実だった、という事実である。

警察は、事件直後、14歳から17歳までの５人の少年たちを逮捕し、彼らのうち４人は自白、その自白はビデオに録画された。その後に起訴された５人の少年たちは公判で無罪を主張した。捜査機関の行ったDNA鑑定の結果は少年たちと事件の結びつきを否定するものであったが、それでも陪審は自白などの証拠に基づき、1990年に５人の少年たちを有罪と評決した。

５人の少年たちは服役することになったが、その後冤罪が発覚する。

被告人の１人、コーリー・ワイスは事件当時17歳の少年であった。

彼は服役中のある日、刑務所で同房になった男に「どんな罪でここへきたのか」とたずねられ、「セントラル・パーク・ジョガー事件で有罪となった。自分は何もしていないのに罪を着せられここにいる」と答えた。相手の男は真っ

第2章　ミランダ原則と取調べの可視化　31

青になった。彼が真犯人だったからだ。真犯人が「房を変えてくれ」と言い出したところから、真実が発覚。2002年1月に真犯人は警察に自分の犯行を認めた。その後行われたDNA鑑定も真犯人の犯行を裏づける結果を示した。メディアも事件を大きく取り上げた。こうしてニューヨーク州最高裁は2002年12月、有罪判決を取り消して元少年たち5人を釈放した。

　実はコーリー・ワイスの自白はビデオに取られていた。なぜビデオの前で自白したのか、彼に話を聞いた。

コーリー・ワイス氏に聞く
私はこうしてビデオの前で「自白」した

コーリー・ワイス氏

　ある日の夜9時頃、私がハーレムで友人と一緒にいたとき、突然警察がきて、「聞きたいことがある」と言われ、警察署に連れて行かれました。逮捕ではありませんでしたが拒絶できませんでした。警察ではすぐに取調べが開始され、午前0時頃まで取調べが続きました。セントラル・パーク事件に関与したと疑われたのです。

　私は事件と何の関係もなかったので、話すことは何もなかったし、ただ早く帰りたいという気持ちでいっぱいでした。

　しかし、私が「帰りたい」「何も知らない」といくら言っても警察官は、「質問に答えろ」というだけでした。私は「答えている」と言いましたが、「おまえは答えていない、早く帰れるかどうかはおまえ次第だ」と言われました。

　私は逮捕されていたのかどうかもわからなかったし、ミランダ警告のことは覚えていません。

　1時間ほどして一人の警察官が来ました。非常にいやな奴でした。彼は私に顔を接近させて大声でどなり、脅しました。私は何度も顔をそむけましたが、

彼はそのたびに私の頭を押さえて私を正面に向かせて話を続けました。とても長く感じました。午後11時頃「もし自白すれば家に帰れる」と彼は言いました。そこで私は自白しました。警察官が供述調書をつくりました。

しかし私は家に帰れませんでした。私は違う警察署に送られて房に入れられ、ショックで眠ることができませんでした。これは有名な事件だったし、警察はほかにも無実の少年をたくさん逮捕し、すごい態勢で捜査をしていました。私はもう自白を撤回できないように思いました。

私はそれまで弁護士と何の関係もなかったし弁護士の知り合いもいなかったので、弁護士を頼もうという考えは浮かびませんでした。どうしたらいいのかわかりませんでした。

次の朝来た検察官は女性でした。本当のことを話すように、と言われて、「本当は、なぜここにいるのかわからない。警察が望むとおりに話をすれば、家に帰れると聞いたので従っただけだ」と言いました。検事は取調べをうち切り、警察官に電話し「彼は協力しない」と言いました。前日の警察官が飛んできました。彼は、「コーリー、君は協力しないといけない。私にしゃべったとおりのことを言えば家に帰れるんだ」と言いました。私は再び絶望的な気持ちになりました。誰も私を助けてくれませんでした。彼は「いいか。トイレに行って顔を洗って目を覚ませ。そして部屋に戻ってカメラの前に座り、昨日と同じようにしゃべれ」と言いました。私はこうしてビデオの前で自白させられました。ビデオを撮影したあとで私は「帰りたい」と言いましたが、「だめだ」と言われました。そして、「ビデオは証拠になる」と言われました。裁判ではこのビデオが決定的な証拠になって、私は有罪にされてしまったのです。このシステムは狂っています。私は真犯人と刑務所で出会うまで、10年以上の歳月を奪われたのです。

2 不十分な録画は危険

この冤罪事件は、検察の取調べ過程だけがビデオに取られるのでは違法行為の抑止に不十分であり、ビデオが有罪の有力な証拠として使われるという点でかえって危険である、ということを示した。筆者は、ワイス氏の自白を録画したビデオを実際に見たが、ビデオに写るワイス氏はあたかも自発的に自白して

いるようにも見える。しかし、真犯人は別にいたのだ。

　この冤罪事件は、ニューヨークで大きな問題として取り上げられた。アメリカ自由人権協会などの人権NGOは、警察の取調べを是正するために被疑者取調べの全過程を録画する制度を早急に導入するように提言した。[28] これに対し、ニューヨーク警察は調査委員会を設置したが、結論は「この事件では警察の不祥事・不正行為は一切発生していない」というものだった。[29] 警察段階でのビデオテープがないため、どんな違法な取調べがなされたのかは闇に葬られた。取調べ実態を明らかにし、改善することはできないままなのである。

　元少年たちは現在、ニューヨーク市を相手取って損害賠償請求訴訟を提起している。[30] ニューヨーク州弁護士会、ニューヨーク市弁護士会はこのような事態を受けて、取調べ全過程の録画を求める勧告を出し、2006年に、取調べの全過程の録画を求める法案が州議会で審議されている。

5　取調べの可視化をめぐる世界のうごき

　世界を見渡すと取調べの可視化は急速に進みつつある。

　イギリスでは、1980年代の冤罪事件の原因として自白強要がクローズアップされた。そのため、1985年に制定された警察・刑事証拠法（PACE）[31]は、警察官に黙秘権と弁護人選任権の告知を改めて義務付け、このプロセスを実効化するために、1991年に取調べ全過程のテープ録音が原則として義務付けられた。[32]

　10年以上のイギリスの経験を経て、取調べの可視化はイギリス捜査実務に定着している。イタリアにおいては逮捕・勾留中の被疑者に対する取調べの録音ないし録画が義務付けられている。同様に、取調べの可視化は、フランス（少年）、オーストラリア、カナダの一部、香港、台湾、韓国、モンゴルなどでも導入されている。[33]

6　アメリカにもまして高い可視化の必要性──日米比較

　密室の取調べ過程での自白強要は、日本ではより一層重大な問題である。

　アメリカでは、逮捕後2日もすれば弁護人が選任されて、弁護人選任後は原

則として取調べが行なえない。これと対照的に、日本では逮捕から最長23日間も代用監獄に拘束され、再逮捕されればさらにその期間が延長される。その期間、被疑者は取調べ受忍義務を課され、警察は身体拘束期間を通じていつでも取調べをすることができ、被疑者はこれを拒むことができないとされている。

1～2日で虚偽自白に追い込まれ冤罪の被害者となる人々があとをたたないアメリカの実務に比較しても、23日間同じような状況が続く日本の取調べはさらに深刻な構造的冤罪を生む危険がある。

過去の冤罪をみると、免田、財田川、松山、島田の四大死刑再審事件では、いずれも無実の被告人が自白を強要された。

筆者が弁護団に加わった冤罪名張毒ぶどう酒事件（事件発生1961年、2004年4月5日名古屋高裁が再審開始決定）も、自白の信用性が争点のひとつとなった。

この事件は、再審請求人・奥西勝氏が村の親睦会で女性に出されるぶどう酒に人知れず毒物を混入して、5人の女性たちを殺したとして起訴され、一審無罪判決の後、逆転死刑有罪判決を受けたケースである。

奥西氏はこの毒物混入事件の結果、妻と愛人が死亡し、その直後に重要参考人として事件の翌日から、その4日後（深夜）に自白に至るまで、しつように取調べられ、自供に至った。近しい二人を同時に亡くしたこと、その取調べ時間や身体拘束期間の長さを見ると、彼が5人の殺人という重大犯罪について自白に至ってしまった際に置かれた心理状況は、ゲリー・ガウガー氏の経験から想像に難くないであろう。

取調べ状況は1961年当時から変化したのだろうか。

筆者が同じく弁護団に加わった少年冤罪調布駅前暴行事件（1993年3月1日事件発生、2001年12月12日刑事補償認容決定）でも、少年たちは長い取調べに疲れ「自白すれば家に帰してやる」と言われて自白に至る。この経過はセントラル・パーク・ジョガー事件に非常によく似ている。

しかし、奥西氏も調布駅前事件の少年たちも、一度の自白で解放されることはなかった。ひとたび自白した後にさらに連日取調べられ、虚偽の供述調書を連日作成することを余儀なくされる。こうした嘘の供述調書は積み重ねられていく。

第2章　ミランダ原則と取調べの可視化

また、たとえ、2〜3日では自白に至らないケースも、日本では20日以上連日のように厳しい追及を続けることによって、虚偽の自白に追い込むことが可能なのだ。

　2005年9月、筆者はイリノイ州でイリノイ州死刑諮問委員会の共同議長であり、可視化の導入を全米で進めているトーマス・サリバン氏に会う機会を得た。日本の司法制度と米国の司法制度の相違点について議論するなかで、サリバン氏から言われたつぎの言葉が忘れられない。

　「アメリカでは、逮捕されて一両日中に被疑者は裁判所に連れて行かれ、そこで弁護人が選任された後は、進んで話をしないかぎり取調べを受けることはありません。私たちが問題にしている虚偽自白というのは、その1〜2日間の間の問題なのです。1〜2日間で、被疑者を心理的に追い詰めて自白に追い込むことは十分に可能です。私は、日本では23日間もの間、警察が被疑者を何時間にもわたって取調べることが可能だと知って、とても驚きました。それでは虚偽自白という問題が発生するのはアメリカの比ではないでしょう」と彼は言った。ノースウェスタン大学ロースクールの「誤判救済センター」の教授たちも同意見であった。

　日本において黙秘権を守るためのセーフガードとして、そして取調べ中に何があったかについて正しい事実認定を可能にするために、取調べ全過程の録音・録画を行う必要性はアメリカにもまして高い。

―注―
* 1 ボランタリネス・テストと呼ばれる。
* 2 Modern Criminal Procedure , Yale Kamisar and others 439p.
* 3 Ashcraft v. Tennessee, 322U. S. 143（1944）．
* 4 Miranda v. Arizona, 384U. S. 436（1966）．
* 5 Westover（in Miranda）ケースにおいて、連邦最高裁は、14時間以上の身体拘束及び取調べという状況を検討し、「この状況では憲法上の権利が被告人の意思に基づいて放棄されたと判断することはできない」とした。
* 6 Modern Criminal Procedure, 561p.
* 7 Dickerson v. US, 530 U. S. 428（2000）．
* 8 Richard Leo "Inside the Interrogation Room". (Journal of Criminal Law and Criminology, 1996).
ミランダ原則の形骸化に関する全米初の実証的研究であり、122人の被疑者に対する取調べ過程を分析した全米初の調査である。これを日本に紹介した文献として、多田 辰也『被疑者取調べとその適正化』（成文堂、2000年）。
* 9 Criminal Justice in Crisis 28（1988）, ABA.
*10 Cassell & Hayman, An Empirical Study of the Effects of Miranda, 43UCLA L. Rev. 839（1996）．
*11 Modern Criminal Procedure, 555p.
*12 Cassell, "Miranda's social costs-An empirical Assessment,"（90 Nw. U. L, Rev. 387, 486-97, 1996）．
*13 Craig M. Bradley "The failure of the Criminal Procedure Revolution".
*14 Stephan v. Alaska, 711 P2d 1156, 1162（1985）．
*15 State v. Scales, 518N. W. 2d587, 592（1994）．
*16 Texas Code of Criminal Procedure, Art38. 22（1999）．
*17 D. C. Code 5-133. 20.
*18 Thomas P. Sullivan, "Electronic Recording of Custodial Interrogations ; Evrybody wins"（Northwestern University School of Law, Spring 2005）．
*19 State v. Thomahl Cook, 179NJ. 533（2004）, http://www.judiciary.state.nj.us/notices/reports/recordation.pdf
*20 Commonwealth v. DiGiambattista, 813 N. E. 2d. 516（Mass. 2004）
*21 Wisconsin v. Jerrell（2005）．
*22 デイビット・ジョンソン「日本における取調べ録音／録画について合衆国と韓国から学ぶこと」法と心理5巻第1号（2006年）57頁。
*23 The New York County Lawyers' Association and American Bar Association Section of Criminal Justice "Report to the House of Delegates, recommendation".
*24 トーマス・サリバン＋指宿信「イリノイ州死刑諮問委員会について共同議長サリバン氏に聞く」季刊刑事弁護46号（2006年）154頁。
*25 Thomas P. Sullivan, "Police Experiences with recording custodial interrogations"（Northwestern university law school center on wrongful convictions November 1 2004）．
*26 ニューヨークタイムズ紙2006年4月11日。
*27 http://archives.cnn.com/2002/LAW/12/05/central.park.jogger/
http://www.washingtonpost.com/ac2/wp-dyn/A43265-2002Sep5?language=printer
*28 New York Civil Liberty Union "In Light Of Central Park Jogger Revelations, NYCLU Calls On NYPD To Start Videotaping Custodial Interrogations" http://www.nyclu.org/vid_interrog_091702.html
*29 New York Police Department "CENTRAL PARK JOGGER CASE PANEL REPORT"
http://www.nyc.gov/html/nypd/html/dcpi/executivesumm_cpjc.html
*30 03 Civ. 9974 United States District Court, Southern District of New York.
*31 The English Police and Criminal Evidence Act.
*32 Christopher Slobogin, "An Empirical Based Comparison of American and European Regulatory Approach to police Investigation"（22 MICH. J. INT'L L. 423, 443）
*33 日本弁護士連合会「取調べの可視化（録音・録画）の実現に向けて」（2004年11月）。
*34 最高裁大法廷判決1999（平成11）年3月24日（民集53巻3号514頁）など。
*35 名古屋高裁刑事第一部（小出錞一裁判長）2005（平成17）年4月5日再審開始決定。
*36 最高裁第一小法廷（橋久子裁判長）1997（平成9）年9月18日判決・判例時報1615号3頁、東京高裁第9刑事部（原田國男裁判長）刑事補償請求決定（2001年12月12日）。

ワンポイント知識 3 アメリカの刑事手続の流れ　取調べ時間の制限

　1957年にマロリー対合衆国事件（Mallory v United States, 354. U. S. 449）で米連邦最高裁は、逮捕後治安判事の前に被疑者を出頭させることなく7時間を超える取調べを行って自白をさせたケースについて、「逮捕された被疑者は不必要な遅滞なく治安判事の前に連れて行かれなければならない」とする連邦規則5条に反すると判断した。しかし、このルールは残念ながら、各州の刑事手続規則にはほとんど反映されていない（Craig M. Bradley "The failure of the Criminal Procedure Revolution"）。

　他方、各州には、逮捕された被疑者は、24時間ないし48時間以内に裁判所に連れて行かれ、裁判官による「最初の審問」を受けなければならない、という規則や判例が存在し、この最初の審問以降は弁護士が選任されるため、その後は取調べは行なわれないのが通常である。そこで、この最初の裁判所への出頭までの期間が取調べ時間の限界を画しているのが実情である。

　一方、取調べ時間の長さは「ミランダ原則に基づく権利の有効な放棄があったといえるか」という認定においても考慮される。長時間の取調べ後の権利放棄は、有効なものとは言えないとして、長期間の取調べ後の自白獲得をミランダ原則違反＝憲法違反と判断するケースもある。

　ミランダ判決と同時に判断されたウエストオーバー対合衆国事件（Westover v. US）において、連邦最高裁は、14時間以上の身体拘束及び取調べという状況を検討し、「この状況では憲法上の権利（ミランダ原則上の）が被告人の意思に基づいて放棄されたと判断することはできない」とした。

第3章
証拠開示の拡充が冤罪を防ぐ

1 アメリカの証拠開示制度

　検察官手持ち証拠はどこまで事前に弁護側に開示されるべきか。
　刑事訴訟では、一般に捜査機関が強大な捜査権限を行使して証拠収集を行い、証拠を独占する。こうした状況では、検察官手持ち証拠が事前に開示されない限り、弁護側は検察側の証拠への弾劾や被告人に有利な証拠による反証などの防御をすることができず、それでは公平かつ当事者対等の刑事裁判とはいえない。当事者主義を実質化するためには「武器対等」が実現されるべきであり、検察官手持ち証拠の弁護側への事前開示が被告人の防御上極めて重要となる。
　この点、日本においても2004年の刑事訴訟法改正により、検察官の証拠開示義務に関する具体的な規定が導入されるに至った。日本の新しい証拠開示規定は、規定の内容から、アメリカの法制をモデルにしていることがうかがわれる。しかしながら、ここで二点指摘しなければならない。
　第一は、日本の新制度下での証拠開示の範囲は、アメリカに比して狭いということである。第二に、日本がモデルにしたアメリカも、証拠開示先進国とはいえず、証拠隠しに起因する様々な冤罪事件が発生し、法制の見直しを迫られているということである。
　そこで、まず、アメリカにおける証拠開示法の枠組みをみてみよう[*1]。

1 ブレイディ・ルール[*2]
　アメリカでは、検察側は、自らのコントロール下にある、被告人に有利なすべての証拠（Exculpatory）を公判前に全面開示しなければならないとされており、これに違反したケースは憲法違反として有罪判決は取り消される。
　1963年のブレイディ事件（Brady v. Maryland）で、連邦最高裁は、弁護側

の請求にも関わらず事実認定・量刑に関する被告人に有利な証拠を検察官が証拠開示しない場合、検察官に悪意があると否とを問わず、適正手続（合衆国憲法修正14条）違反となる、と判断した。「被告人に有利な証拠」すべての開示義務というのは、日本の立法・判例上認められていないが、アメリカではデュー・プロセスの観点から当然の権利と認識されている。

「被告人に有利な証拠」の範疇には、直接に無実を裏付ける証拠以外に、検察側証人の供述の弾劾に使用できる全ての証拠、さらに有罪認定・量刑のいずれかにおいて被告人に有利と認められる全ての証拠が含まれる、と考えられており、「被告人に有利な証拠」の内容を具体化して州法に定めている州もある。

さらに、連邦最高裁は、1995年に、カイルズ事件（Kyles v. Whitley）において、被告人に有利な証拠の存在が警察官には知られていたが、検察官には知られていない事案についても、訴追側はこれを被告側に開示する義務を負い、そのような証拠が被告側に開示されないまま行なわれた裁判は憲法に違反し、判決は破棄されると判断した。[*3]

2 ジェンクス法（The Jencks Act）[*4]

検察官は、検察側申請証人の主尋問終了後に、すべての検察側申請証人の、事件に関連する全ての供述証拠（供述調書、供述の録音、供述メモ、大陪審での証言録等）を弁護側に開示することを義務づけられている（ジェンクス法）。実務上は主尋問終了より早い段階で開示が行なわれているのが実情だ。なお、証人の供述のうち、検察側が「事件に関連性がない」と主張するものについては、裁判所がインカメラ手続で、関連性を判断する。

3 開示対象──類型的アプローチ

以上に加え、各州の刑事訴訟法・規則は、検察官の開示義務について詳細な事前開示規定を定め、開示対象を類型化している。開示の認められる対象類型の範囲は、州によって異なり、全面開示に近いものから客観証拠を中心とするものに限る州までさまざまである。[*5]

例えば、ニューヨーク州では、客観証拠を中心とする検察官の開示義務について詳細な事前開示規定が定められている。それらについて検察官は当然に開

示義務を負うのであり、弁護側が開示請求の理由を述べる必要はない。

弁護側は刑事訴訟法・規則の規定に存在しない証拠についても、事項を特定して証拠開示を申請することができ、裁判所は、弁護活動の準備にとって必要性があり相当と求める場合、証拠開示を命令する（ニューヨーク州刑事訴訟法240-40-1）[*6]。

以下、類型的に開示が義務づけられている証拠の範囲について、連邦規則、及び多くの州が見直っているABAガイドラインの規定を見ていく。

■連邦規則

連邦規則16条は、連邦事件の証拠開示ルールを定める。16条によれば、検察側が事前開示義務を負うのは、以下の証拠である[*7]。

①被告人の口頭供述

②録取・録音・録画された供述

③共犯者の供述

④被告人の前科前歴

⑤書面及び証拠物

⑥実験・鑑定報告書（被告人の防御にとって重要と認められる場合）

⑦専門家証人の供述（被告人の防御にとって重要と認められる場合）

■ABAガイドライン

1970年、ABAは証拠開示に関するガイドラインを発表した。このガイドラインは、検察側に対して広範で包括的な事前証拠開示を求めるものである。多くの州はこのガイドラインを参考に、広範な検察側の証拠開示義務を州法・規則に規定する。ABAガイドラインは改定され、1994年8月の最新のガイドラインはほぼ全面開示に近いものとなっている。

ABA証拠開示ガイドライン[*8]（1994年8月改訂）

（a）検察官は、公判前の合理的かつ特定の時期に、弁護側に以下の証拠および情報を開示し、開示証拠および目的物の検査、コピー、実験、撮影を認めなければならない。

（i）被告人と共同被告人の訴追された事件に関し、検察官が所持または

管理する全ての書面、口頭の供述の記録および供述獲得に関連する全ての証拠。

(ii)　訴追された事件に関して情報を持つ全ての人間の氏名と住所、および検察官が所持または管理する上記の者の当該事件に関連する全ての供述調書。検察官は、公判で証人として申請予定の人間を明示しなければならない。

(iii)　仮に検察官と申請予定証人との間に、証言の協力の誘発材料となる合意、理解、代償行為などの関係があれば、その関係とその性質および状況。

(iv)　事件に関連する全ての専門家証人の報告書ないし供述調書。物理的精神的な鑑定、科学検査、実験、その比較を含む。検察側が証人として申請予定の専門家については、検察官は、経歴書および証言予定の事項、専門家の意見およびその意見の基礎となる理論についても弁護側に開示しなければならない。

(v)　事件に関連性のある、または被告人から採取されまたは被告人の所有に属する全ての証拠物、本、書類、文書、写真、建造物、場所その他の目的物。検察官は、公判で申請予定の証拠物を明示しなければならない。

(vi)　被告人または共同被告人の前科、係属中の刑事訴追、保護観察等の地位、および検察官が認識する申請予定の証人に関し、その弾劾に使用される可能性のある前科、係属中の刑事訴追、保護観察等の地位。

(vii)　事件に関連する面割りや面通し、写真判別、音声判別に関連する全ての書類および情報。

(viii)　検察官が所持または管理する全ての証拠ないし情報であって、訴追された被告人の有罪性を否定し、または量刑を軽減する要素をもつもの。

(b)　検察官が性格・評判その他の行動証拠を使用しようとする場合、検察官はその意図と使用予定の証拠の内容を弁護側に告知しなければならない。

(c)　被告人の会話や言動が訴追された事件の調査に関する盗聴などの電子的監視に供されている場合、検察官はその事実を弁護側に告知しなければならない。

(d) 検察官申請予定の物理的証拠が捜索・差し押さえによって入手された場合、検察官はその収集過程に関する全ての情報、文書、証拠を開示しなればならない。

4　証拠開示の例外
(1)　保護命令

　アメリカにおいて、証拠開示によって一番懸念されているのは、検察官申請予定証人の身の危険である。そのため、法・規則によって証人の氏名・住所と供述内容全ての事前開示を定めている州においても、証人の氏名・住所を明らかにすることによって身体の危険や脅迫、賄賂、経済的報復等が引き起こされる現実的な危険があり、証拠開示のもたらす利益を上回ると認められる場合は、検察官の申立により裁判所が「保護命令」（protective order）を発動して、一部開示を認めない、と命ずることがある。[*9]

　しかし、被告側が証人に会って事実を確認する可能性があるだけで、何ら証人の身体等に害を及ぼす危険がない場合は、保護命令は認められない。弁護人が検察側申請証人から事情聴取することは、公判準備に必要な活動として保障され、尊重されているからだ。

　また、保護命令が出される場合でも、多くは、証人の氏名ないし住所を黒塗りするだけで、供述調書の内容は開示される場合が多い。

　日本における証拠開示に関する消極的議論として出される「証拠の隠滅のおそれ」について、証人への危害の発生以外の問題を想定している様子は見られない。「証拠を開示すると言っても、コピーを開示するだけで、原本は検察庁に厳重に保管されている。仮に被告人が悪魔のような人間でも、証拠を破壊・隠滅することはできない」というのがアメリカ検察官・裁判官に共通する言い分である。

(2)　ワーク・プロダクトの例外

　ワーク・プロダクトつまり、捜査機関内部での仕事の過程で作成された内部資料のうち、事件に関する主観、感想、意見、訴訟戦術や法理論などについての認識を示した文書などは、原則として開示の例外として扱われている。[*10]

第3章　証拠開示の拡充が冤罪を防ぐ　43

5　証拠不開示をめぐる問題

　以上のようにアメリカの証拠開示は日本の新制度よりはるかに広範である。しかし、アメリカにおいても、検察官が被告人に有利な証拠を隠したまま、公判を遂行し、誤判に至る、というケースが近年相次いでいる。その理由のひとつは、ブレイディ・ルールによって事前開示が義務付けられている「被告人に有利な証拠」の範囲を決定する広範な裁量権を検察官が握っていることにある。

　検察官は「被告人に有利な証拠」の範囲の判断に関する広範な裁量権を濫用して、必要な証拠を出さないことがしばしばだという。例えば、仮に被告人のアリバイを裏付ける情報があったとしても、「情報提供者は嘘をついている」と検察官が判断すれば、その証拠は無罪証拠にあたらないとして開示しない傾向がある。

　また「記録をよく読んでおらず、無罪証拠を意味しているとは気がつかなかった」などの弁明が事後的になされることも少なくない。

　さらに、冤罪事件でよく見られるのは、警察官のファイルのなかに無罪証拠が存在し、警察官はこのような証拠の存在を検察官に情報提供しなかった、というケースである。

　そこで以下、このような証拠不開示がどのような事態をもたらし、その結果どのような改革がもたらされたのかを見ていくことにしよう。

2　警察官の証拠開示義務

1　「フォード・ハイツの4人」冤罪事件

　死刑宣告された被告人が実は無実であったことを示す証拠が、警察のファイルのなかから発見される——こうしたことがアメリカで近年発覚した冤罪事件には少なくない。

　「フォード・ハイツの4人」冤罪事件は、その典型である。[*11]

　イリノイ州で1978年に発生した連続殺人・レイプ事件で、警察は、当時17歳で知的障害者との境界線にいたポーラ・グレイという無実の女性を二晩かけてモーテルで取調べ、何も知らないポーラを追い込んで「この事件の現場にいた

共謀者」だという自白をさせた。彼女はさらに4人の実行者の名前を挙げさせられた。その後彼女は自白を撤回するが、彼女及び彼女が実行犯と指摘した4人の無実の男性が起訴された。男性たちは、1人を除き死刑、終身刑、懲役75年の刑を宣告され、ポーラは懲役60年の刑を科された。

しかし、その後、犯罪の2、3日後に、1人の証人が4人のレイプ・殺人の真犯人を特定し、警察の捜査官に話していたことが発覚する。この会話に関する警察の報告書は長年経った後で警察のファイルから発見され、ポーラを含む5人の無実を証明するきっかけとなった。真犯人らは自白し、DNA鑑定は実行犯とされた4人の無実を証明、4人は解放される。

4人はクック郡を相手に損害賠償請求訴訟を提起し、36億円という巨額の賠償で和解した。この民事訴訟の過程で、ポーラが自白を強要されていたことを示す証拠も発見された。ポーラも2002年10月、無実を理由に知事によって恩赦を受ける。

2　イリノイ州の改革

「フォード・ハイツ」事件の舞台もイリノイ州である。イリノイ州は、もともと、検察官に広範な証拠開示義務が課されていた。

しかし、上記のように、無罪証拠が警察の捜査記録から発見され、死刑囚が解放されるに至る、という事件が相次いだ。警察が検察に、事件に不利な証拠を送致しなかったのだ。

そこで、イリノイ州の死刑諮問委員会[*12]は、すべての死刑適用事件について、警察が入手した証拠及び情報の全てを検察に提供しなければならない、と勧告した。議会はこれを受けて、「殺人事件については捜査機関の収集した証拠全て、および一件記録全てを検察官に開示しなければならない、殺人以外の事件についても、捜査機関の収集した証拠全てを検察官に開示しなければならない」という立法を実現した（**巻末資料4**）。ここでいう「一件記録全て」の証拠開示は、証拠のみならず、いわゆるワーク・プロダクトといわれる警察官個人の手控え、メモなど全てを含むことになる。[*13]

さらに、2001年に改正されたイリノイ州最高裁規則によれば、検察は、死刑判決の可能性のある全ての事件について以下の義務を負う。①関係する全ての

捜査機関と公判前に会議を開催して証拠について確認をしたうえで、無罪証拠を含む法律上開示が必要な全ての証拠を弁護側に開示しなければならない。②検察官は公判の14日前までに、「捜査機関との連絡調整を経た上で開示すべき全ての証拠・情報を弁護側に開示済みである」との検事正ないし司法長官の証明書を裁判所に提出しなければならない（**巻末資料５**）。[*14]

　この立法、規則は、警察官の検察官への証拠送付義務を制度化するとともに、検察官の義務を明確化し、「連絡不十分で開示できなかった」「警察が開示しなかったので開示できなかった」「不注意で開示すべき証拠を見落とした」などの事態や、それを口実とする不開示が発生しないようにする効果がある。

　イリノイ州は、警察の証拠隠しを防ぎ、検察官の証拠開示義務を実質的に実現させるため、大きく舵をきったのである。

3　事前・全面開示への道──ノース・カロライナ州の改革

1　検察官手持ち証拠の事前・全面開示

2004年、ABAガイドラインの枠を超えて、検察官手持ち証拠の徹底した事

ノース・カロライナ州の死刑囚の写真（ノース・カロライナ死刑弁護センター）

前・全面開示を実現したのがノース・カロライナ州である。ノース・カロライナ州の証拠開示制度は従来非常に限定的で、刑事弁護に関しては多くの困難があり、冤罪を訴える死刑囚もあとを絶たなかった。

1996年、ノース・カロライナ州では、州の刑事再審手続に厳格な期間制限（最高裁への上訴が棄却されてから120日以内に申立てない限り、再審の権利を失う、というもの）が提案され、多くの反対にもかかわらず通過してしまった。その際、弁護士グループが積極的なロビー活動を展開した結果、死刑事件に限り、「有罪判決確定後、検察官は、再審を準備する死刑囚に対し、検察官手持ち記録のすべての開示を行う義務がある」とする、「有罪確定後証拠開示法」を成立させた（以下、1996年法という）[*15]。

しかし、検察はすぐにこれに従ったわけではない。検察庁は「当庁の反対にも関わらずこの法律ができてしまった」と不満を表明し、当初この立法に従わなかった。1998年に州最高裁がこの1996年法の証拠開示義務をあらためて確認したため、検察庁はやむなく、有罪確定後の全ての証拠開示に応じるようになった。

1996年法は捜査に関わった全ての者に全面的な証拠開示を求める完全な証拠開示であり、文言は極めて明確であった。

■1996年有罪確定後証拠開示法（N. C. G. S. A 15A-1415）

　死刑対象事件で有罪とされ死刑宣告された被告人については、公判・控訴審弁護人は被告人に関する事件の全記録ファイルを現在の死刑事件弁護人に提供しなければならない。

　州は、法律の範囲内で、当該被告人の捜査及び起訴に関与した全ての捜査機関及び検察機構の所持する全記録ファイルを弁護人に提供しなければならない。

　州がファイルの特定部分について弁護人の調査を認めることが司法の利益を損なうと合理的に確信する場合、州はそのように特定したファイルの部分について、裁判所による調査を求めることができる。裁判所が調査の結果、そのファイルが死刑事件被告人の調査、準備、再審請求に役立たないと判断する場合、裁判所は裁量により一部分を不開示とすることを認め

ることができる。

　この法律は、一件記録全てを、いわゆるワーク・プロダクトも含めて、弁護側に全面的に開示することを検察官に義務付けるものである。後段の裁判所による不開示はほとんど活用されていない。この1996年法により、被告人は再審請求段階ではほぼ完全な、全ての検察官手持ち証拠へのアクセス権を有することになった。
　ところが、この1996年法は、大きな波紋をもたらすこととなった。多くの死刑事件で、検察官がやむなく被告側に開示したファイルの中に、重要な無罪証拠が存在することが発見されたからである。検察庁がいかにこれまで重要な無罪証拠を隠してきたかが、明らかになった。多くの死刑囚が「自分に有利な証拠が隠されてきた」こと（連邦最高裁ブレイディ判決違反）を理由として、再審申立てを行った。

2　アラン・ゲルのケース

　とくに衝撃を呼んだのは、アラン・ゲル氏のケースである[16]。
　ゲル氏は殺人事件で起訴され、共犯者とされる2人の少女の自白などの証拠に基づき、1998年2月に有罪評決を受け死刑を宣告された。
　死刑が確定したアラン・ゲル氏の再審弁護人となったマリー・アン・タリー弁護士は、ある日、1996年法に基づいて検察官から開示を受けた記録を読んでいて、被告人の無罪を示す17人の証人の供述調書を発見する。これらの供述調書は、被告人が唯一犯行をすることが可能な日に被害者が生存していたことを示していた（その日以降被告人は別件で留置場にいて犯行を犯すことは不可能であった）。
　タリー弁護士は、上記17人の供述調書の提出とともに被害者の死亡推定時刻に関する再鑑定を申請、裁判所は裁判のやり直しを命令し、再度の陪審公判が開始された[17]。2度目の陪審公判では無罪評決が出され、ゲル氏は2004年2月に釈放された。メディアはこのケースを大々的に取り上げ、「検察官の証拠隠し」は大きなスキャンダルとなった。
　アラン・ゲル氏のケースは著名だが、これは一例に過ぎない。1996年法によ

り、死刑判決を受けた被告人に有利な証拠を検察官が隠し持っていたことが次々と明らかにされ、死刑判決が破棄されるケースはその後も相次いだ（死刑判決破棄は9件に上る）[*18]。

このような事態は、市民の意識を変えた。検察官が権限を濫用して、提出すべき証拠を隠していた実態が明らかにされ、市民が刑事司法制度に疑問を持ち始めた。

アメリカの刑事司法制度は一般市民が陪審義務を果たすことによって成り立っている。陪審員となる市民が司法に対する信頼を失うのは重大な問題であった。

州がゲル氏を有罪に持ち込むために費やした予算は一説では200万ドルにも上るというが、州議会は、無実の人間を有罪にするために州の莫大な予算を使うことをこれ以上容認できなかった。こうして州議会は、公判で検察官が重要な証拠を隠すことを防ぎ、公正な裁判を確保するために、証拠の事前・全面開示の導入について真剣な議論を始めた。議会では「今の制度では、第一審の公判段階で検察官は証拠を隠すことが許される。その結果有罪宣告され、上訴手続を尽くして州の再審手続になって初めて重要な証拠が開示されることになる。しかし、これは不合理だ。初めから証拠隠しを許さず、全てを開示するべきではないか」という意見が相次ぐ。

こうして、2003年、ノース・カロライナ州は、検察官手持ちの全証拠の事前・全面開示を義務づける「事前・全面証拠開示法」を成立させ、2004年からこれが施行された（以下、2004年法と呼ぶ〔**巻末資料3参照**〕）。

■2004年事前・全面証拠開示法[*19]

903条(a)　被告人の申立てに基づいて、裁判所は、検察官に対し、以下の命令をしなければならない。

(1)　被告人の訴追事件の捜査と訴追にかかわる全ての捜査機関と検察当局の完全な事件ファイルを提供すること。ファイルには、被告人の供述調書、共同被告人の供述調書、証人の供述調書、捜査官のノート、鑑定や実験結果その他被告人が関わったと疑われている犯罪の捜査中に得られた物ないし証拠すべてを含む。口頭の供述は、書面ないし録音の形式をとらな

ければならない。被告人は、これら全てについて検分し、コピー、写真撮影をし、適切なセーフガードのもとで、全ての物理的証拠やサンプルに関する検分、検査、実験をする権利を有する。

　(2)　公判において申請予定の専門家証人について被告人に告知すること。これら専門家証人は、実験や鑑定の結果に関する報告書を事前に作成し、検察官はこれを被告人に交付しなければならない。検察官は、専門家証人の経歴書、意見、意見の根拠となる理論を被告人に提供しなければならない。この規定が要求する告知・開示は公判に相当程度先立って行われるべきであり、具体的時期は裁判所が指定する。

　(3)　(略)

　(b)　州が902条(a)に基づいて任意に証拠開示する場合も、その範囲は、本条(a)の範囲によるべきである。

　904条　検察官やそのスタッフが公判で自ら使用する目的で作成した、証人尋問質問事項、陪審員選定の際の質問事項、冒頭陳述、最終陳述は事前に開示する必要はない。同様に、検察官やスタッフの意見、理論、戦略や結論を記した、法律上の調査や記録、通信、報告書、メモ、検察官やスタッフ作成の公判準備のためのインタビューノートは開示されない。

　2004年法は、純粋なワーク・プロダクトを除く全ての証拠へのアクセスを保障するものであり、ほぼ完全な事前・全面証拠開示である。被告人が有罪と確定した場合は今度は1996年法により、純然たるワーク・プロダクトも含めた一件記録全てが開示されることになる。

　この改革のきっかけとなったのは、何よりアラン・ゲル氏の冤罪事件だ。弁護人マリー・アン・タリー弁護士と、アラン・ゲル氏本人に話を聞いた。

アラン・ゲル氏とマリー弁護人に聞く
陪審も私も真実から遠ざけられていた

アラン・ゲル氏

――どのようにして再審無罪を勝ち取られたのですか。

　弁護人　アランは1998年の2月に死刑宣告され、上訴も認められず死刑棟にいました。私は州の再審手続の段階で彼の弁護人になり、捜査機関が持つ全てのファイルの開示を受けました。2000年10月のある日の午後、記録を読んでいた私は、17人の証人がアランは無罪だということ示す供述をしていることを知りました。

　実は、警察はこの殺人事件についてたくさんのインタビューをし、17人の供述調書を作成していたのです。これらの供述調書は、アランが唯一犯行をすることが可能な日に被害者が生きていたことを示すものでした。その後アランは留置所に入っていて犯行を犯すことは物理的に不可能だったのです。共犯者として自白をした二人の少女が「アランがやったという話をつくりあげてしまった」と話しているのを警察が秘密裏に録音したテープもありました。これらの証拠は全て検察が開示することなく保管していたのです。私は開示された無罪証拠を提出して再審を請求しました。科学者に鑑定を依頼して、被害者の死亡日時はアランが留置所にいた日であることを証明する鑑定意見書を書いてもらい、裁判所に提出しました。

――無実を示す17人の供述書は、1996年に施行された証拠開示法によって開示されたのですか。

　弁護人　そうです。その前の法律によっていたら、私は今回開示されたような証拠を得ることはできませんでした。アランは今頃死刑執行されていたこと

でしょう。この証拠開示法の実現は非常に重要な改革だったです。

　アラン　証拠開示は非常に重要な問題です。真犯人は何があったかを全て把握しているけれど、無実の人間はその事件に関係がないのだから、何の情報もないのです。反論することができません。私に会いにきた弁護士たちに「君の主張を裏付ける証拠や手がかりはあるのか」と聞かれ、証拠について何も知らない私は答えることができませんでした。証拠開示は無実を明らかにするために必要な調査をし、手続を進めるための最初の第一歩です。私は最近の改革をとても喜んでいます。

——このケースは非常に有名になりましたね。

　弁護人　メディアは、検察官が不正に証拠を隠していた、と大々的に報道しました。報道によって多くの市民がこの事件を知ることになりました。これは非常に大きかったと思います。再審公判の前日からノース・カロライナ最大規模の新聞が４回シリーズでこのケースを取り上げました。これが決定を早めたと思うし、検察官が上訴できなかったのも世論の影響が大きいと思います。彼が釈放された後、報道は新しい証拠開示法の成立を後押しし、また死刑に対する多くの関心を呼び起こすのに貢献しました。

——証拠開示以外の冤罪の要因についてどうお考えですか。

　アラン　警察官が供述調書をつくる際に事実を歪曲したのも、私が死刑を宣告されるに至った原因のひとつでした。警察は無罪証拠があるにもかかわらず「彼は絶対に有罪だ」と検察に確信させました。それから、刑事手続に携わる者がゲームかスポーツのように手続を運用していて、勝つことが全てで、そのためにどううまく立ち回るかばかり考え、時には関係者をだましてまで巧妙に勝利を収めようという態度で臨んでいることも問題です。それから、トンネル現象（一人の被疑者に狙いを定めたら、他のことには目をつぶってその人間を有罪に持ち込むことだけに熱中するという現象）も問題です。

——あなたを有罪にした最初の陪審員についてどう思いますか。

　アラン　彼らを責める気にはなりません。なぜなら彼らも私たちと同様に、

全ての証拠にアクセスできなかったからです。陪審は、真実から遠ざけられ、ミスリードされたのです。彼らの何人かは私の有罪に票を投じるにあたって本当に悩み葛藤していました。そのことを申し訳ないように思います。彼らがもう一度陪審を勤めたいと思うか、私は疑問です。彼らも司法制度の犠牲になったのだと思います。

――2回目の陪審についてはどういう感想を持っていますか。

　アラン　先週末に3人の陪審員と話をすることができました。彼らはとても好意的でよい人たちでした。長い公判であり、彼らは時間を費やし経済的な損失を被って陪審義務を努めてくれたわけです。彼らは正義を実現するために積極的に陪審義務を果たしてくれました。ただ、彼らは、このような十分な証拠のないケースで起訴をし、証拠を隠して、莫大な金を費やして裁判をして、関係ない人間を死刑棟に送るという一連の出来事に不快感を表明していました。特に証拠を隠した最初の検察官に対して非常に憤っていました。彼らは非常にすばらしい仕事をしてくれました。でももし最初の陪審も二度目の陪審と同じ情報を与えられていたら、彼らも同じ働きをしてくれていたと思います。

――この事件の後、市民はどのように変わりましたか。検察官の提出する証拠について懐疑的になったのでしょうか。

　弁護人　そう思います。つい最近アランの裁判のあった郡で、死刑事件の陪審選定があったのですが、陪審候補者の多くがアランのケースについて話していたようです。彼らは検察官の立証に今までより懐疑的になり、検察官の立証により多くのことを要求するようになっています。私は人を有罪にするにあたって陪審員が慎重になるのは非常によいことだと思います。

――自分の体験をどうふりかえっていますか。

　アラン　司法制度を信頼し、いつか正しいことが起こると信じようとする闘いの連続でした。しかし、ある瞬間にはそれがとても難しくなります。それは悲しみです。身近な人間が死刑執行の日を告げられたり、死刑執行されるのを目の当たりにしてきました。死刑制度はあまりにも多くの誤りをもたらしてい

ます。無実の人間が処刑されるのは社会にとって大きな不正義です。現在私は、死刑制度の問題点を全米で訴えています。私と同じ境遇にあるたくさんの人々を救わなければと思っています。

4　新証拠開示法のインパクト

　新しい事前・全面証拠開示制度によって実務は大きく変わったか、ノース・カロライナ州の実務家たち——はじめに、州高裁判事のオーランド・ハドソン氏、そして、州地方裁判所判事のグレイグ・ブラウン氏に聞く。

オーランド・ハドソン判事に聞く
完全な証拠開示で、より公正な判断を実現

——以前に比べて、証拠開示の実務は前進しているのでしょうか。
　2004年以前には出さなかった開示命令を現在では裁判所は出しています。検察官は証拠の全面開示を法律上義務付けられているのだから、これに従わない場合は、命令を出すことになります。法律は完全な一件記録の開示を要求しているわけだから、検察官は従うしかありません。これまでは、検察官が手持ち証拠を隠していても、弁護側が手がかりをつかめない、というだけでなく裁判所だって検察官が何を持っているのか知りようがありませんでした。
　現在は、検察官がファイル一式を提出するので、仮に何か隠していたとしても、弁護側がそれを分析して、「これがあるはずだ」「これが足りない」と主張することができます。それに基づいて裁判所も命令を出すことができます。
　現在問題となっているのは、検察官が手持ち証拠全てを開示した、と言っていても、被告人に有利な証拠が例えば警察官によって所持されているような場合です。検察官は「私は持っていない」と言う。そのような場合、公判前審問で警察官を尋問することになります。最近も、2日もかけて警察官の尋問を行ないました。その結果、弁護側が「真犯人である可能性が高い」と主張している第三者の刑事記録が結果的に開示されました。私たちは、新たな次元で開示

を実現させるために努力を続けています。

　証拠開示の新法によって以前よりも公平な裁判を実現することができるようになりました。検察官が証拠を隠さず、全てを公開して弁護人も裁判官もこれを知ることができるということは、より真実を明らかにし、より公正な判断を実現できるということです。非常に恥ずべき冤罪事件が最近発生しましたが、完全な証拠開示が実現すればそのような可能性も少なくなります。

——証拠の全面開示に基づく弊害として証人威迫、証拠の捏造などという懸念はないのですか。

　そのような問題は顕在化していません。証拠のコピーが開示されるのであって原本ではないのですから、仮に被告人が悪魔のような人間だとしても、厳重に保管されている証拠を破壊するのは不可能です。証人に関しては最終的には証言するのだから、事前開示の有無によって大きな違いは発生しません。検察官が少し躊躇していたのは、検察側証人にインタビューしてほしくないということですが、それについては被告側に権利があるのだから、当然保障されるべきです。そのような抽象的な弊害よりも、真実を発見し裁判の公正を実現するという大きな目的のほうが重要です。

——証拠開示は司法に何をもたらしたのでしょうか。

　以前は証拠開示がされず、非常に苦労しましたが、現在は証拠開示によって公判の準備が非常に改善されました。それだけでなく、証拠を全て把握することにより、司法取引の可能性も増えてきました。

　新しい証拠開示制度は、検察官に対して多大な利益をもたらしています。まず、検察官は、ブレイディ・ルールで要求される証拠の範囲に関して悩まなくてよくなりました。単に、一件記録全てをそのまま開示すればよいわけです。証拠開示は、有罪判決に、これまで以上の正当性を与える結果となり、ブレイディ・ルール違反による上訴の可能性が減りました。全ての証拠が見せられれば、納得して司法取引に応ずる被告人も増えます。証拠開示はシステムの効率化にも役立っています。

グレイグ・ブラウン判事に聞く
ひとつの冤罪のケースが全てを変えた

——1996年の証拠開示法以前、証拠開示はとても困難だったのではないでしょうか。

　私は裁判官になる以前、刑事弁護士として、多くの死刑事件を担当してきました。その際、証拠開示はいつも困難を極めました。率直にいって検察官は様々な違法行為をして証拠を隠し持ってきました。例えばアラン・ゲルのケースです。このケースでは、1996年の法律に基づき無罪証拠が開示され、彼は釈放されました。州の再審制度で救済されましたが、彼は無実であるにも関わらず8年間死刑棟にいたのです。運が悪ければ、その間に彼は死刑執行されていたかもしれません。こうしたケースを通じて、検察官は権限を濫用して、提出しなければならない証拠をコントロールしていたことが明らかになりました。検察官の権限の濫用を防止するため、2004年の新法ができ、全面証拠開示の制度が確立しました。これは非常によい変化です。人の命がかかっている刑事事件で、検察官はゲームをしかけるべきではありません。

——新法ができて、どのように実務は変わりましたか。

　私は刑事弁護士の友人が多くいますが、証拠開示は格段に進んだと聞いています。検察官は法で義務付けられたことを実現するしかないからです。またノース・カロライナの刑事弁護士会は現在非常に活発で、検察官の不正をみのがしません。私は弁護士時代、刑事事件をたくさん手がけてきましたが、現在のような実務は当時、ありえませんでした。ひとつのケースが全てを変えたと言っても過言ではありません。ゲルの事件での検察官の不正は恐ろしいものでした。

　検察官は、この事件で200万ドルを使ったとも言われますが、被告人は明らかに無実だったのです。検察官が証拠を隠したためにこのような事態が起き、メディアは連日スキャンダルを報道し司法の名誉は傷つけられました。州議会はそんな愚かなことに州の莫大な予算を使うことを不愉快に思ったのです。だ

から2004年の新法ができたのです。

　事前・全面証拠開示はノース・カロライナの公判実務を大きく変えた。同州では、市民の司法への信頼を回復するために、州の最高裁長官が「イノセンス・コミッション」を発足させ、証拠開示以外の課題に引き続き取り組んでいる。

5　世界の証拠開示システム

　ここで、日本の証拠開示制度を検討する前に、世界の状況について触れておく。[20]

①カナダでは、1991年、最高裁が検察官の事前・全面証拠開示義務を認める判断を下し、以後、検察官による事前・全面証拠開示制度が確立した。判決は「検察の手中にある捜査の成果は、有罪を確保するための検察の財産ではなく、正義がなされることを確保するために用いられる公共の財産である」と判示した。[21]

②イギリスでは、コモンローにより、検察官は、全ての検察官申請証人が公判で行った証言と矛盾する全ての供述調書を開示しなければならないとされ、さらに被告人に潜在的にでも有利と思われる全ての証人の供述は、検察官がこれを開示しなければならない、とされる。このルールは1996年の刑事手続・捜査法（CPIA）に発展した。この法律のもとでは、証拠開示に先立ち、警察は関連する全ての証拠をリスト化して検察官に送致しなければならず、検察は、この証拠リスト及び、検察官の有罪立証を動揺させる可能性のある全ての証拠、被告人の主張を補強する可能性のある全ての証拠を弁護側に開示しなければならない。[22]さらに、検察官は弁護側の弁護方針、争点明示を受けて、争点に関連する証拠の開示義務を負う。[23]

③フランスでは、1893年以降一貫して、全ての証拠は、弁護人に事前に開示されなければならないとされている。[24]

④ドイツでは、武器対等の原則が尊重され、遅くとも、公判前手続の冒頭までに、全ての証拠は弁護側に開示されなければならない。[25]

第3章　証拠開示の拡充が冤罪を防ぐ　57

⑤イタリアの刑事訴訟法も、検察官に事前・全面証拠開示義務を課すとともに、検察官の捜査に関する行動記録にも開示義務が課され、被告人はこれらファイルを閲覧の上検察官にさらなる捜査をするよう要請することもできる。[*26]

⑥ヨーロッパ人権条約6条は、公正な裁判を受ける権利を定めるが、この権利のなかには、被告人が検察官手持ち証拠の開示を受ける権利が含まれると解釈されている。

　ジャスパー対英国事件（Jasper v. UK）[*27]で、ヨーロッパ人権裁判所は、「刑事裁判の公正な審理を受ける権利は、検察と弁護の武器対等を要請するのであり、弁護側が捜査によって得られた全てのファイルと証拠を知り、これに対する主張を展開できるものでなければならない」とし、証拠開示を被告人の基本的権利だと明確に述べた。そして、公益の必要上証拠を開示できない場合があるとしても、証拠開示の制約が基本的人権の制約である以上、高度の必要があり、かつ権利との関係で相当な範囲の制約しか許されない、と結論付けている。

　このようにヨーロッパでは、証拠開示を受ける権利が被告人の基本的人権として認識・保障され、この権利に対する制約は、高度の必要性と相当性を検察官が立証したときのみに例外的に許されるものと考えられている。

6　日本での課題——事前・全面開示の実現を

　2004年まで、刑事訴訟法には証拠開示に関する手続規定は一切存在しなかった。

　最高裁は、1969年4月25日の決定（刑集23巻4号248頁）で、裁判官の訴訟指揮権の発動として証拠開示を命ずることができるとしたが、その範囲は、証拠開示が防御の必要上特に重要であり、証拠隠滅・証人威迫のおそれがなく、相当である場合に限られた。裁判官は、上記条件を厳格にとらえ、証拠開示命令をほとんど出さなかった。そのうえ、上記条件を満たすかどうか判断し、証拠開示について決するのは裁判官の広範な裁量権に属するとするのが判例であ

る。このように、わが国には被告人に証拠開示請求権はなく、裁判官の訴訟指揮による証拠開示命令の発動を求める「申立」が認められるに過ぎなかった。

　このような証拠開示に関する実情は多くの冤罪の原因となってきた。戦後の著名な冤罪事件のうち、松川、青梅、財田川、松山、徳島ラジオ商事件では、検察官の手元にある被告人に有利な証拠の開示が、有罪判決を覆して無罪に導く鍵を握った。

　私が関与した名張毒ぶどう酒事件においては、再審請求段階で弁護側が再三にわたり全面的な検察官手持ち証拠の開示を要求、さらに個別的に被告人に有利と思われる証拠の開示を要求したが、検察側はこれに応じなかった。被告側に有利な証拠を開示する義務は、このケースのように無罪を争う死刑囚にも認められていないのである。

　一方、私が関与したもうひとつの冤罪事件、調布事件は、少年事件であることから、記録は全て裁判所に送致され、弁護人もこれを全て閲覧・謄写することができ、膨大な証拠資料のなかから見つけられたいくつもの事実が少年たちの無実を明らかにする有力な手がかりとなった。このように、少年事件については事前・全面開示が実現しているといってよい。しかし、無罪を争う事件が多い少年事件にあって、この事前・全面証拠開示が証拠隠滅などの弊害をひきおこしたという例は聞かない。このことは、成人事件について証拠開示を制限する理由とされる事前・全面証拠開示による「弊害の危険性」という主張に根拠がないことを端的に示している。

　日本においても2004年の刑事訴訟法改正により、検察官請求証拠の開示（刑訴法316条の14）、一定類型の証拠に関する検察官の開示（刑訴法316条の15）、さらに争点に関連する証拠の開示（刑訴法316条の20）が認められ、検察官に開示義務が課されることとなった。しかし、無罪証拠に関する開示義務は明文で規定されていないうえ、証拠開示に関する裁定は、開示の必要性、相当性、弊害に関する考慮の点で裁判官の裁量の余地を残すものとなっている（刑事訴訟法316条の15、同条の20）。公判前にどこまで徹底した証拠開示が実現するかは、今後の実務運用にかかっている。さらに警察官の検察官に関する資料・証拠開示に関しては、何らの規制もない。証拠の不開示による冤罪の芽は摘みとられているとはいえないのである。アメリカのような過去にさかのぼった証拠

開示が行われていない日本では、実は今もアラン・ゲル事件のような冤罪が隠された証拠とともにいくつも眠り続けているのではないだろうか。

アメリカの冤罪と改革を教訓に、日本においても、抜本的な事前・全面開示を法整備と実務両面で実現することが喫緊の課題である。

―注―
*1 アメリカの証拠開示法制について紹介したものとして、ローク．M．リード・井上正仁・山室恵『アメリカの刑事手続』（有斐閣、1987年）、島伸一『アメリカの刑事司法』（弘文堂、2002年）、渥美東洋「刑事訴訟の新たなる展開――日米の証拠開示を一例にして（上）、（下）」法曹時報29巻6号、同7号（1977年）など。
*2 Brady v. Maryland, 373 U. S. 83（1963）．
*3 Kyles v. Whitley, 514 U. S. 419（1995）．
*4 The Jencks Act, 18 U. S. C. Sec. 3500 は、ジェンクス事件に関する最高裁判例（Jencks v United States, 353 U. S. 546（1957））に基づく立法である。
*5 "Modern Criminal Procedure" 1187.
*6 ニューヨーク州刑事訴訟法240。
*7 The US Federal Rule 16.
*8 Standard 11-2.1 Prosecutorial disclosure.
http://www.abanet.org/crimjust/standards/discovery_blk.html#1.1
*9 Modern criminal procedure p1189.
*10 Modern criminal procedure p1182.
*11 http://www.law.northwestern.edu/depts/clinic/wrongful/exonerations/Gray.htm
*12 第1章参照。
*13 725 ILL. Comp. Stat. Ann. 5/114-13 殺人以外の事件に関しては、ワーク・プロダクトを除く全証拠の開示が要求されている。
*14 Supreme Court Rule 416（g）．
*15 N. C. G. S. A 15A-141（f）．
*16 North Carolina coalition for moratorium "Alan Gell, Innocent man was sentenced to death".
*17 State v. Gell, No95CRS1884（Bertie County, 2002）．
*18 State v. Hamilton, No. 95 CRS1884（Bertie County, 2003）, State v. Hoffman, No95-CRS-15695（Union County, 2004）などのケースがある。
*19 15A-903, 904.
*20 世界の証拠開示システムについて紹介したものとして、特集「新しい時代の司法と『証拠開示』制度／世界の証拠開示はどうなっているか？」法学セミナー584号（2003年）。
*21 指宿信「カナダ刑事手続における証拠開示」ジュリスト1062号（1995年）。
*22 British Criminal procedure and Investigation Acts 1996.
*23 指宿信「全面的証拠開示を求めて――証拠開示は世界的にどうなっているか」法と民主主義379号（2003年）。
*24 Jean Cedras, "Saibanin System considered from the global standard, The French point of view"（June 21, 2003）．
*25 Christoph Rennig "Resume based on German Law, for the international Conference, Saibanin System considered from the global standard"（June 21, 2003）．
*26 Giulio Illuminati "The Popular Participation in the Administration of justice in Italy"（June 21, 2003）．
*27 Jasper v. UK, 2/16/2000 European Court of Human Rights.
*28 大阪高裁1990年10月9日判決（判例タイムズ765号266頁、評釈論文判例タイムズ918号4頁）。
*29 特に松川事件（1949年）では、検察官が被告人のアリバイを証明する「諏訪メモ」と称されるメモを隠しており、その開示が大きな鍵となって、最高裁は有罪判決を覆して、死刑宣告された者を含む20人の被告人全員を無罪とした（1963年9月13日）。

ワンポイント知識 4　アメリカの刑事手続の流れ

起訴後、公判まで

　アメリカでは、被告人が起訴された後、公判（トライアル）が行なわれるまでには相当の期間がある。その間に時間をかけて検察・弁護によって公判準備が行われる。特に重要なのが、検察官手持ち証拠を開示させ、その証拠をもとにして立証活動の準備を進めていくことである。

　まず、弁護人は公判前に、法律・判例によって検察官が開示義務を負う証拠、およびその範囲を超えて必要と認める証拠の開示を検察官に求める。検察官は法律・判例さらに裁量により、公判前にある程度の証拠を弁護側に開示する。検察官が任意に開示しない証拠を提出させるために、弁護人は証拠開示の申立てを行い、裁判官の判断をあおぐ。

　弁護人はこの証拠開示以外にも事件に必要な様々な申立てを裁判所に行う。そして、この申立てに基づいて公判前審問（プレ・トライアル・ヒアリング）が開催され、裁判官が個々の申立てについて判断をする。このような公判前手続が繰り返され、公判準備には数カ月、重大事件については１年以上かかる場合も少なくない。そしてその期間を利用して、弁護側は、十分な訴訟の準備をすることができるのである。

　公判前の弁護側の申立てのなかで多いのは、以下のものである。
①起訴却下の申立て（Motion to dismiss）
②証拠排除の申立て（Motion to suppress evidence）
③証拠開示の申立て（Motion to discovery）

　このうち②証拠排除の申立ては、証拠の収集過程に憲法違反・法令違反があることを理由に検察官申請予定証拠の証拠能力が認められない、とする申立てである。

　具体的には違法収集証拠排除や自白の適法性・任意性（自白の強制やミランダ原則違反の有無など）などが問題となり、弁護側の申立てに基づき裁判所が判断する。この段階で証拠能力が認められなかった場合、検察側は問題となった証拠を公判に提出することができない。自白の違法性が争われる場合において、仮に公判前に弁護人の申立てが却下されれば、自白は陪審公判に証拠とし

第３章　証拠開示の拡充が冤罪を防ぐ　　61

て提出されることになる。しかし自白の信用性の有無についてはなお、陪審員の判断にゆだねられる。

　この公判までの期間はさらに、日本には存在しない「司法取引」が活発に行われる期間でもある。検察官と弁護人が交渉して、罪を認める代わりに罪のランクを落として量刑も軽くして陪審評決を待たずに事件の決着を図ることを「司法取引」といい、民事事件の和解に似たシステムである。陪審公判に至る前に司法取引で決着に至るケースは多く、刑事事件のうち、実際に陪審裁判に移行するのは数パーセントと言われている。司法取引の試みと交渉は、被告人の「最初の審問」（ファースト・アピアレンス）の日から始まり、陪審裁判に突入した後も、評決の前まで行われている。

第4章
定着する可視化・証拠開示システム
── ミネソタ州の改革

1 取調べの可視化と証拠開示

　ミネソタ州はミネアポリスなどの大都市を擁する州であるが、アラスカ州に続き、全米で2番目に早く、取調べの可視化を導入した州である。[*1]

　また、証拠開示もほぼ全面開示に近い制度を20年近く採用するなど、先進的な刑事司法制度を実現している。そして、そうしたシステムによる支障や弊害は発生しておらず、冤罪事件は少なく、また犯罪率も近年低下の一途を辿っている。

　取調べの可視化及び証拠開示が定着し、成功しているミネソタ州の実情を紹介する。

1 スケール判決と取調べの可視化

　1994年、ミネソタ州最高裁は、取調べの可視化を導く歴史的な「スケール判決」[*2]を出す。被告人スケールに関する無罪が争われ、自白の任意性・信用性が問題となった事件である。州最高裁は、司法に対する監督権限の一環として、公正な司法運営を確保するために「身体拘束下における取調べは、権利の告知と放棄、質問も含め、すべて電子的に記録されなければならない」と判断した。

　つまり、自白を証拠として採用する前提として、捜査機関は取調べ全過程のテープ録音をしなければならず、録音を怠った場合、自白を公判で証拠として使用することはできない、と判断したのである。

　イリノイ州と異なり、この判決の当時、ミネソタ州では、特に重大な冤罪事件や自白の強要、警察の不祥事という問題があったわけではないという。

　しかし、自白の任意性、信用性については常に検察・弁護側の争点となり、

裁判所は密室での取調べの最中に何があったのか、その認定に悩まされていた。そこで、取調室で何が起きているかが客観的に記録されれば、自白の適法性・許容性について裁判所が適切な判断をすることができるという解決策が提示された。州最高裁は、司法の公正な判断を確保し、かつデュー・プロセスの保障を万全にするために、取調べ全過程の録音をルール化することにし、録音がされてない取調べから得られた自白は証拠として使用しない、と宣言したのである。このように最高裁の主導で、取調べ全過程の録音を捜査機関に義務付けたのがスケール判決なのである。

　この判決に基づいてミネソタ州では、捜査機関による取調べ全過程の録音が義務付けられ、その後10年以上定着している。「自白に関する論争がなくなった」（弁護人談）、「以前は取調室の中で何があったのかわからなかった。今ではそれが全て明らかになった」（裁判官談）、「捜査機関に対する不当な請求から身を守ることができるようになった」（検察官談）など、この制度は今日では弁護人・裁判官のみならず捜査機関の支持を受けている[*3]。

2　ミランダ原則の実質化

　ミネソタ州法は、ミランダ原則を実質化させるために以下のように定めている。

　　「自由を拘束された者の身体を預かる警察官は、明白な危険ないし逃亡のおそれのある場合を除き、拘束された者が弁護士ないし拘束された者が相談したいと思う者とプライベートに面会する機会を拘置場所において認めなければならない。警察官は、身体を拘束された者の要求に基づき、できる限り早く、そしてすべての手続が終了する前に、弁護人との面会についての要求があることを当該弁護人に伝えなければならない。この章の規定に違反した警察官ないし個人は、軽罪事犯の有罪に該当し処罰を受けるとともに、被害者の民事損害賠償に充当する目的で100ドルの罰金を科される」[*4]。

3　拡大する証拠開示

　ミネソタ州では、ABAの証拠開示ガイドラインの内容を取り入れて、1970年

代から広範な証拠開示を実現している。証拠開示の範囲はその後さらに拡大し、事前・全面証拠開示に近い制度が実現している。[*5]

さらに、検察官は、公設弁護人や公的弁護事件の弁護人に対しては手持ち証拠のコピーすべてを無料で交付しなければならないとされている。弁護権の観点からは理想的な制度である。

2 ミネソタ州における取調べ録音手続の概要

ここで、弁護人・裁判官へのインタビューに基づいてミネソタ州における取調べ過程の録音に関わる手続概要をまとめる。

1 取調べの全過程の録画へ

スケール判決が要求しているのは、取調べの録音であって録画ではない。しかし、検察庁は殺人事件などの重大事件については、ベスト・プラクティスをめざして取調べ全過程を自主的にビデオ撮影している。

スケール判決は、録音・録画について被疑者に告知することを要求していない。そこで、録音・録画を被疑者に告知しないで警察の取調べが行われるケースも多い。録音の場合は、取調室のテーブルに録音機を置く場合が多いが、ビデオについては隠されたかたちで設置されており、被疑者にわからないままビデオ録画されている。

被疑者が「録音をするなら取調べに応じない」と述べた場合は、裁判所は、どのような判断をしているのだろうか。

そのようなケースが問題となったことは過去にほとんど例がなかったそうである。しかし、最近発生したケースで州最高裁は「被疑者が録音をしたくない旨自主的に申し出、その部分が録音されている場合は、その後の会話が録音されていない場合であっても、例外的に自白を法廷で証拠として使用することができる」との判決を出した。

なお、録音・録画の技術的方法に関しては、テープの劣化を避け、管理を効率化するために、最近は録音・録画のデジタル化が進んでいるという。

第4章 定着する可視化・証拠開示システム 65

2　録音テープの弁護側への開示

(1)　速やかな開示

前記のとおり、ミネソタ州は全面証拠開示に近いシステムを採用しており、被疑者の取調べ過程の録音・録画テープは起訴後速やかに弁護側に開示される。

本来、公設弁護人に対しては、検察側が開示証拠を全部コピーして提供することになっているが、テープは検察ではなく警察が保管していることから、弁護人は自己負担でテープを購入し、警察に渡して警察がコピーを作成した上で弁護人に郵送するシステムとなっている。録音・録画のデジタル化に伴い、メールで送信が可能になっていくと予想されている。

(2)　反訳書

検察側は、録音・録画の内容を反訳した反訳書（transcript）を作成し、弁護側に事前開示しなければならない。反訳書は、公判で録音・録画テープが再現される場合、一件記録に綴られる。弁護側は、この反訳書と録音・録画テープをつき合わせ、反訳書に誤りがある場合は訂正を求める。また、伝聞や余罪に関する部分がある場合、弁護人はその削除を求める申立を行う。弁護人の申立が裁判所によって認められた場合、検察官は該当部分を削除しなければならない。

3　公判前審問　（プレ・トライアル・ヒアリング）

弁護側は、自白採取過程にミランダ原則違反や自白強制が認められると判断した場合、公判前に証拠排除の申立てを行う。

この申立てに基づいて、録音・録画テープの証拠能力を判断するための「公判前審問」が裁判官によって開催される。審問では通常、取調べ警察官が取調べの記録状況について証言する。録音・録画があるのに重複して取調べの経過について証言することは許されない。その後、審問において、録画テープまたは録音テープが再生される。被告人が証言をする場合もある。裁判官は録画テープまたは録音テープに基づいて、ミランダ原則上の権利が有効に放棄されたか、自白に証拠能力があるかについて判断し、「自白を公判で証拠として提出してよいか」を決定する。

また、反訳書の訂正や、部分的な削除が必要な場合も、弁護人の申立てに基づいて裁判官が判断をする。

録音・録画の存在によって、自白をめぐる争いは公判前に決着する場合が多い。自白が証拠として認められない場合、検察官は自白を抜きにして公判の維持ができるかを判断して公訴提起するか否かを決める。他方、自白の証拠能力が認められた場合、有罪（司法）取引をする被告人も少なくない。しかし、仮に自白の証拠能力が認められたとしても、自白の信用性については陪審員の判断にゆだねられる。自白の信用性をめぐる判断は、公判の段階に移行し、その有無について陪審の判断をあおぐことになる。

4　陪審法廷

公判前審問で自白の証拠能力が認められた場合、自白の信用性の有無を陪審員が証拠に基づいて判断することになる。

公判では、自白の録音または録画テープが再現され、陪審員がこれを吟味する。録音・録画テープは、基本的に全て再現されるが、弁護側・検察側が合意すれば、一部の再現も行われる。さらに、録音・録画の経緯に関する取調官の供述、そして自白調書が存在する場合は自白調書が証拠として提出される。さらに、被告人が希望する場合は自白の過程に関する被告人の証言も行われる。

こうした証拠に基づいて陪審員が自白の信用性について判断をする。

自白の証拠能力についての判断は公判前に終了しているため、公判で検察官が録音・録画テープの再現を行わない場合もある。さらに、被告人の捜査段階の否認供述を、検察官が公判で被告人側の主張を弾劾するために使用する場合がある（ミランダ警告を放棄した後の供述内容は自白したと否とを問わず法廷で被告人に不利な証拠として利用できるとされており、録音・録画テープも証拠として再生できる）。

3　取調べ録音制度導入の背景と効果

ミネソタ州における取調べの録音制度導入の背景、そしてそれが実務にどのような影響をもたらしているかについて、実務家たちの反応から検証する。

検察官が弁護側に開示する取調べ全過程のビデオテープ

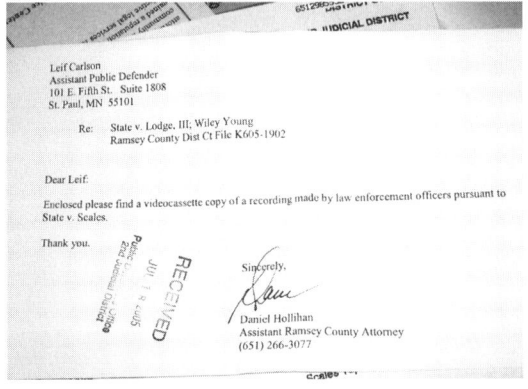

「最高裁判例に従って録音・録画した取調べ全過程の記録を送付します」と書かれた検察庁から弁護人宛てのビデオテープ送付書

取調室の様子は録画されるとともに、モニター画面が取調室の入り口に設置され、取調官以外の人間がチェックできる体制となっている。警察署内のこの部屋では、全ての取調室での録画の状況をモニターしている。

1　録音・録画は事実認定を中立化・客観化した

はじめに、ミネソタ州最高裁判所判事のサム・ハンソン氏に聞く。

サム・ハンソン判事に聞く
録音制度の導入で客観的な判断が可能になった

サム・ハンソン氏

――録音制度の導入の理由は、何でしょうか。

スケール判決は、最高裁の司法監督権限に基づいて、自白を証拠とするに際して取調べの全過程の録音を義務付けました。スケール判決までは、自白に関して、被告人は強制された、取調べの際に警察の不正行為があった、弁護人を呼ぶ権利が侵害された、と言い、捜査側はそれをすべて否定する、という論争が常にくりひろげられ、結局何があったか判断するのが裁判所として困難でした。取調べ過程を録音しておけば、客観的に誰が何を言ったのか、何が発生したのかがわかります。そこで自白に関する論争を解決するために、いかなる自白も取調べの全過程を録音しない限り使用できない、ということにしたわけです。

――捜査側はどう反応しましたか

検察庁・捜査機関のスケール判決に対する最初の反応は非常に否定的なものでした。しかし、現在では検察庁・捜査機関はこの制度に非常に好意的であり、むしろほかの州にこの制度を広めようと積極的に活動し、推進役になっています。というのは、この制度が単に被疑者の権利を守るというだけでなく、取調べの方法・技術を改善するという効果も持ち、また捜査側が録音によって恩恵をこうむることも明らかになってきたからです。自白をめぐる論争というものをすべて解決し、事実に反する訴えを防止することができるようになった

ことは捜査側にも大きな利益をもたらしました。
　警察はもはや、どんな会話があったかについていちいち証言台に立たなくてよいことになったし、取調べの際に暴行をふるわれたという民事訴訟についても、録画テープや録音テープで防御することができるようになったからです。検察長官は、いまや可視化の強力な推進論者です。

――現在、自白について問題は存在しないのでしょうか。
　法律的な問題が残っていますが、「取調べで何があったか」という事実問題については解決しました。法律的な問題としては、まず録音テープが終わってしまうなどして中断した場合の取扱いです。この問題を解決するベスト・プラクティスは「テープを交換する」と取調官が述べてそれに被疑者も同意し、それを録音しておくことです。もうひとつは、何が「身体拘束下の取調べ」にあたるか、という問題で、重要参考人に対する事情聴取等の際に問題になります。

――可視化制度を導入すると、自白が獲得できなくなり、取調べの障害になるとの意見が日本の捜査機関には強いのですが、どう思われますか。
　録音・録画が自白の障害になっているという意見は捜査機関からは聞きません。ミネソタでは捜査機関がこの制度を支持しています。可視化によってそれまで適切な方法で実現してきた結果が実現できなくなるということはありません。録音・録画によって獲得できなくなるのは、以前は不適切な形で獲得されてきた類の自白でしょう。たとえば本来使うべきでないテクニックを使うとか、有形力を行使するなど。そのようなことは最初からされるべきではないのです。そして、そのような問題のある要素を取り払った後の自白というのは、それ以前よりも強いものです。

――自白の適法性が公判前手続で認められた場合、陪審法廷で録画テープや録音テープを再現して陪審員がそれをもとに信用性を判断するということでしょうか。
　そのとおりです。ビデオはとくに、言葉だけでなく、表情や、ボディ・ランゲージ、積極的に会話に参加しているかと言った状況を映し出すので、陪審員

が自白の信用性を判断するのに非常に役に立つものです。

——陪審員は被告人と警察の言い分が対立している場合、警察官を信用する傾向がある、と聞いたことがありますが、可視化の導入によって自白の信用性に関する判断に変化がありましたか。

　陪審員選定手続の経験などからすると、証拠によって説得される前の一般的な態度として、被告人よりも警察官を一般的に信頼する、という人が多いのですが、必ずしもそれがすべてではありません。アフリカン・アメリカンのコミュニティなどでは、警察に対する不信感が非常に強く、一般的に警察官よりも被告人の主張を信じる傾向があります。しかし、ビデオやテープが導入されて、そうした様々なバイアスというものがすべて中立化されてしまいました。それによって、客観的な判断が可能になったということができます。

2　高く評価される録音システム——捜査側の反応

　実際に、取調べの可視化は、捜査機関に支持されているのか。ミネアポリスを含むミネソタ最大の郡、ヒノピン郡の検事であるポール・スコーギン氏、ピーター・カヒル氏およびフレッド・マクドナルド警部に聞いた。

ポール・スコーギン検事に聞く
取調べのテープ録音は自白に関する論争をすべて解決

ポール・スコーギン氏

——実務家、とくに捜査関係者は、取調べの録音の導入をどう受けとめましたか。

　私はスケール事件を担当した検察官でした。スケール判決が出た直後は、録音・録画などしたら被疑者が話をしなくなるんじゃないかと凍りついたもので

す。最初はこの判決は衝撃的であり、抵抗がありましたが、今では私たちはこの判決に基づくシステムを支持しています。この制度はそれまでの自白に関する論争をすべて解決しました。

　テープ録音に関しては、被疑者に告知することが義務付けられていないので、録音を知らずに供述する者も多いです。従って、録音が自白の障害になっているという事実はないし、自白率も下がっていません。

　この制度の効用としては、ミランダ原則違反の有無に関する立証に時間を割く必要がなくなったことが挙げられます。以前は捜査官に取調室であったことをいちいち思い出して証言してもらっていましたが、今では録画テープを提出すればそれで足ります。また、真犯人は事件について誰よりもよく知っているので、否認していても重要な情報を口にすることがあります。録音・録画していなければ、捜査官が聞き流して忘れてしまうような情報でも、録音・録画していれば、あとで確認して捜査の手がかりを得ることもできるわけです。また、ビデオを通して、逮捕直後の被疑者の本当の姿を陪審員や裁判官に見せることができます。これは陪審評決や裁判官の量刑判断に大変有効です。

　問題点としては、反訳書を検察庁がつくるのは大きな負担です。録音テープは証拠である、ということを警察に説得するのも大変でした。しかし、これはすべて実務的な問題であり、重大な問題ではありません。時間はかかったものの、2年くらいで警察もこのシステムに慣れました。私たちのこの郡は200万人の人口で、年間の重罪事件は6000件ですが、およそ、20万ドルの予算を録音のために使っています。

――その後、実際に困難はありますか。

　録音・録画は、被疑者が話をするにあたって大した障害とはなっていません。それ以前にミランダの告知があり、こちらのほうが重大な問題です。被疑者はまず、ミランダ警告に集中します。ミランダ警告という障害を乗り越えてそれでも話をしようとする人間は、録音・録画があるからと言ってやっぱり話をしない、ということにはなりません。録音・録画というのはミランダに比べれば被疑者にとってさほど重要ではないし、インパクトはないようです。

フレッド・マクドナルド警部に聞く
仕事が簡略化された

——取調べの可視化について実務におけるインパクトはどうですか。

　22年間警官をやっていますが、捜査官にはいつもいろいろな仕事やルールが要求されるものです。以前は取調べをした後、その内容について書面で書くことが要求されていました。被疑者の供述を短い書面にまとめるのですが、なかなか難しい。録音が要求されるようになってそのようなことをせずに取調べそのままをテープで再現すればよいことになり、仕事が簡略化されました。警官が書面でまとめるとなかなか自然な形には仕上がらないものですが、録音・録画の場合は、インタビュアーの聞き出し方がうまければ、被疑者自らがなぜ犯罪にいたったのかをそれぞれのパーソナリティと感情の動きなどを交えて語るので、供述書面に比べてより自然な供述を提供することができ、陪審員を納得させることができます。その意味ではこのルールは導入されてよかったと思っています。

——実際的な困難はいろいろとありますか。

　とにかくたくさんの取調べをするのでたくさんのテープを作成して保管に困りました。しかし、いまではテープをとった直後に証拠保管庫に証拠として保管するようにして混乱は解消されました。

——カメラやテープがあると被疑者が身構えて話したがらない、不自然になる、ということはないのですか。

　私はビデオとテープの両方で記録することが多いのですが、カメラは通常隠されていて録画については告知しないことがほとんどです。録音については小さい録音機器をいつも机において話をするので、相手も認識できるはずですが、話をしているうちに録音のことを忘れてしまったり気にしなくなる人間がほとんどです。話を聞き出す支障にはなっていないし、たいてい自然に話すようになります。

人間はそれぞれ個性があり、みんな違う動機と個性をもって取調室にやってきます。何をしても拒絶する人間は拒絶するし、話したい人間は話します。そうした個性と動機を見極めてどうやったら快く話をしてくれるか、と考えて努力するのが私たちの仕事です。

ピーター・カヒル検事に聞く
録音のないシステムにはもう戻れない

ピーター・カヒル氏

●取調べ可視化

——最初は取調べの録音制度に抵抗があったのではないですか。

　大いに抵抗がありました。まずメカニカルな問題で録音・録画ができなかった場合に自白が証拠として使えなくなってしまうというリスク、そして常に大量のテープを保管・管理していなければならないという実務上の問題などがありました。しかし、こうした問題はその後の技術と体制の発展で解消し、現在は問題なく対応できています。

　こうした実際的な問題を除けば、録音・録画は非常にうまく機能しているといえます。取調べ過程の事実関係に関する様々な論争は録音・録画ですべて客観化されているので、こうした論争の多くに終止符を打つことができました。

　もともと、私たちは取調べの際に拷問などの不適切な対応をとったことはありません——そうだったら大問題ですが——ので見られて困ることもありません。警察官にとっても、録音・録画は適正な職務執行につとめるためのよいインセンティブになります。越してはならないラインを越さない、という抑止効果をもたらします。また、上司が担当者の取調べのやり方を確認して、それを評価することができます。失敗した場合の助言もできるので、警察官のトレーニングにも役立っています。録音のないシステムにはもう戻れないし、戻るべ

きではないと思います。

　実務的な問題に関しても、裁判所の要求は常識的な範囲に限定されているので、検察庁としても対応が可能です。裁判所は、身体拘束された被疑者に限って録音を要求しているだけなのです。身体拘束下にある被疑者を取調べるときに、小さな録音器を携帯していけばよいだけなので、たいした問題ではないのです。

――裁判所が要求しているのは録音ですが、しかしあなたたちは時々ビデオ録画もしています。これは自主的にやっているということですか。

　そうです。重大事件についてはベスト・プラクティスを心かげようということで、自主的にビデオ録画をしているのです。

――日本の検察庁は録音・録画を導入すると被疑者が本当のことを言わなくなるのではないかと心配しているのですが、そのような心配はありませんか。

　録音・録画をしていることを被疑者に告げることは義務付けられていないので、被疑者は知らない、ということもよくあります。ビデオを取る場合も録画機材とカメラは隠された場所にありますので、被疑者が意識することはありません。

　多くの場合、警察は録音・録画について被疑者に説明しますが、話をしているうちに被疑者が録音されていることを忘れてしまうことも多いです。様々な抵抗を乗り越えて自白しようとしている被疑者が録音という一事によって後に引き返してしまうということもありません。録音・録画は障害になっていません。

――1994年以前と比べて、自白率が低下したという事実はありますか。

　ありません。ミネソタ州最高裁は、被疑者が録音下では話さない、と言った場合、その意思表示だけをテープに残しておけば、その後の取調べ過程が録音されていないとしても自白調書は有効である、と判断しています。そこで、被疑者としては録音されない場で自白する、という選択も可能です。

第4章　定着する可視化・証拠開示システム

――自白が獲得できなくなって犯罪率があがるというような懸念も考えられますが、この点、1994年以降実際にどうでしょうか。

そのようなことはありません。このヒノピン郡はミネソタの28パーセントの人口を抱える最大の郡ですが、この６年間、重大事件の犯罪率は20パーセント減少しました。８年前くらいから犯罪率は減少しているのです。1994年から1995年にかけてミネアポリスではたくさんの殺人事件が発生しましたが、当然ながらそれがこのスケール判決に影響されたものだ、と分析する人は一人もいません。その後は犯罪率が下がり続けているわけで、可視化によって犯罪率が上がる、というような事態は発生していません。

――取調べの時間はどのくらい長いのですか。

これは州によって様々ですね。ミネソタは短く、長くても２～３時間というところです。だいたいひとつの事件のストーリーを聞くのに、２～３時間もあれば十分ですので。

被疑者が否定している場合、私たちは２、３時間もの間「うそつきだ」と言いつづけるようなことはしません。被疑者の言い分を聞いて「しかしあなたの言い分は信じられないから起訴する」と言うことは多いですが。それから、再度取調べをして「以前のストーリーを変える気はないか」と聞くことはあります。それでも同じストーリーを話すようなら聞いても仕方がないわけで、長く取調べることはありません。

――自白以外の新しい捜査、たとえばおとり捜査や盗聴などが日本では広く認められていないので、アメリカの例を参考にできないという意見もありますが。

私たちはほとんど盗聴などの方法を使いません。しかし、その他の物的証拠、DNAや指紋、そして目撃証人などをきちんと固めようとします。まずは物的証拠をきちんと固めた上で自白ということになる。自白はいい証拠ですが、それだけではだめで、バランスが重要です。ミネソタでは自白には補強証拠が必要だとされているので、自白だけを証拠にすることはできません。

●目撃証言
――人物識別に関する改革はなされているのでしょうか。
　この分野でも私たちは改革のリーダーの役割を果しています。私たちは目撃証言に関する人物識別の精度を向上させるためのプログラムを開始しています。心理学者の研究に基づいて、一斉にラインアップする方法ではなく一人ずつについて犯人か否かを確認する、という方法に切り替え、担当警察官は被疑者と面識のない人間にすることにしました。また写真については、コンピューターを見ながら証人が一人で識別できるシステムを取り入れることになりました。これはミネアポリスや郊外の3つの警察署ではすでに実施されていますが、ヒノピン郡すべてで実施されるのは2006年1月1日からです。

●証拠開示システム
――証拠開示に関する取り組みはあるのでしょうか。
　私が1984年に実務をスタートした際には既に非常に広範な証拠開示が認められていて、しかも、その後証拠開示の幅はどんどん拡大しています[*6]。捜査段階では秘密でも起訴後は事件は公のものとなるので、当然証拠は開示すべきだと考えています。

●公設弁護人制度
――公設弁護人制度はうまく機能しているのでしょうか。
　私はミネソタで冤罪が少ないもうひとつの理由として、公設弁護人システムがうまく機能している、ということを指摘したいと思います。公設弁護人に対しては非常に多くの予算が割り当てられているので、彼らは検察官と変わらないくらいの給料を保障されています。従って大変質の高い、よい弁護士が公設弁護人になっています。彼らは本当に積極的・攻勢的ですよ。

3　取調べの適正化へのインパクト

　取調べの録音システム導入後に、ミネソタ州の取調べで発生したたいへん興味深いエピソードがある。
　子どもの失踪事件について母親の同居人ジェンソン氏が疑われた事件

(State v. Jenson[*7])である。この事件で、ミネソタの警察は、FBIの捜査官に応援を頼み、FBI捜査官は密室で被疑者を取調べ、殺人の自白に至らせた。しかし、FBIは捜査過程が録音され、それが弁護人に開示されるというミネソタのシステムを知らなかった。選ばれた弁護人が録音テープを再生したとき、ジェンソン氏が14回にわたって「弁護人に会いたい」と要求し、捜査官がこれを無視した過程が明らかになった。ジェンソン氏は司法取引により有罪となったが、郡は独立検察官に調査を命じ、独立検察官は、FBI捜査官がこのケースでミランダ原則に違反したことを発表した。

FBI捜査官は、管轄外であるため、刑事訴追を免れたが、「ミランダ原則を無視することはできない」という当然のことを録音システムがFBI捜査官に思い出させた結果となった。

4 供述心理分析──録音・録画されると人は話したがらないのか

日本でも、取調べの録音・録画をすると、被疑者は自由に話さなくなるとの心配を、よく耳にする。本当にそうなるのか。この点に関して、供述心理と刑事訴訟法の専門家であるミネソタ大学のバリー・フィールド教授に聞いた。

バリー・フィールド氏に聞く
取調べの録音に抵抗感はない

バリー・フィールド氏

私は16～17歳の少年に関する66のケースについて、ミネソタ州ヒノピン郡検察庁から取調べテープの提供を受け、取調べ状況を分析しました。これは自白の採取過程を分析したリチャード・レオの調査[*8]に続く全米で2番目の研究ですが、ミネソタ州が取調べ過程の録音システムを導入し、録音テープが蓄積され

たためにこのような分析も可能になりました。

　私が分析したなかで、「テープに取られているなら話をしたくない」と拒否した少年は1人だけで、それ以外には、録音テープの存在によって拒否反応を示したケースはありませんでした。テープを聞くと、警察官はときどき「テープは検察官への報告の一環になる」と指摘したり、録音がうまくできるようにもっと大きな声で、と注意を喚起しています。このように録音の存在については何度も少年たちに告知されています。にもかかわらず録音を意識している様子や録音のせいで話をしたくない、という兆候はその一件を除いて見られませんでした。このことから、録音は、取調べにおいて少年たちが話をする際の抵抗要因にはなっていない、という事実が浮かび上がりました。

　アメリカの取調べには、証拠と対決させたり、嘘つきだと言ったり、言い訳を提供したり、犯罪の深刻さを軽く評価して被疑者の気持ちを軽くさせるなど、決まったテクニックがあると言われています。今回の私の録音の分析結果からもそのようなテクニックが頻繁に使われていることがわかります。しかし、警察は録音をされている状態でそのようなテクニックをためらいなく使っており、警察側にも録音による心理的抵抗は見られません。そのようなスタンダードな方法は録音しているからと言ってできなくなるわけではないのです。

　ところで、私は取調べの専門家であり、世界で講演をしています。世界の取調べの比較調査も行っています。日本の警察は取調べのやり方が強制的だということで有名（famous）で、正確には、不名誉な評判があります（infamous）。そこで、彼らが取調べの録音に反対しているとすれば、彼らの心配はむしろ、録音のもとでは半強制的な取調べができないということではないか、と思います。しかし、そのような半強制的なやり方はあまり有効ではありません。録音することによって、高い次元の職業意識を向上させ、本当によい取調官になることができるのではないかと思います。

5　日本への示唆

　このように、10年以上にわたり取調べの可視化を続けているミネソタ州のおもだった実務家にインタビューし、録音テープを分析した専門家の話を聞いた

結果、可視化の実現による適正な実務遂行への否定的影響はほとんど見られないことが明らかとなった。可視化が刑事司法制度や検挙率に悪影響をもたらしているということは一切なく、円滑な取調べ実務に支障を来たしているということもない。逆に可視化は、自白をめぐる様々な論争から訴訟当事者を解放し、適正で効率的な訴訟・捜査実務、そして公正な事実認定の実現に大きく貢献してきたことがわかった。取調べの可視化に対する主だった反対論は捜査機関内部にも存在せず、むしろこれを肯定し、他の州での実現を勧める推進役にすらなっている。日本での可視化の導入に際して投げかけられている実務への悪影響という指摘が、まったく根拠を持たないことを、ミネソタ州の実務家たちの経験は物語っている。

　ミネソタ州は広範な証拠開示を30年以上続け、取調べの録音を10年以上続け、それが定着し、それによる弊害は発生しておらず、刑事司法制度の公正な運営については法曹関係者が一致してこれを肯定的にとらえている。冤罪の少ない背景として、充実した公設弁護人制度のもと、優秀な弁護人たちが活躍していることも見過ごせない。

　取調べの可視化、証拠開示という改革が、主として捜査機関の抵抗により進まないわが国にとって、ミネソタ州の経験に学ぶ意味は大きい。

―注―
* 1　Stephan v. Alaska, 711 P2d 1156, 1162（1985）。取調べの可視化が最も早かったアラスカ州は1985年の州最高裁判決に基づき、取調べ全過程の録音が制度化され、今日に至っている。
* 2　State v. Scales, 518N. W. 2d587, 592（1994）.
* 3　Hennepin county attorney office "Tape recording custodial interrogation ; Minnesota's experience with mandate electronic recording".
* 4　Minnesota Statute 481.10.（Supp 1999）
* 5　Minnesota Rule of criminal procedure7-9.
* 6　Minnesota Rule of criminal procedure7-9.
* 7　Peter Erlinder "Beyond Miranda and Dickerson ; Emerging State Standards for Preventing Coercion in Custodial Interrogations"（Police Misconduct and Civil Rights law Report, 2000）.
* 8　122人の被疑者に対する取調べ過程を分析した全米初の調査。

ワンポイント知識 5　アメリカの刑事手続の流れ

陪審裁判のしくみ

●陪審制度

　合衆国憲法修正6条は、全ての被告人に公平な陪審による裁判を受ける権利を保障している。陪審裁判は、コミュニティから選ばれた市民の代表である陪審員が、証拠に基づいて有罪・無罪を決める手続である。被告人は、裁判官による裁判（ベンチ・トライアル）を選び、裁判官の判断にゆだねることもできるが、死刑相当事件のように選択が許されない罪種・類型もある（四宮啓『O.Jシンプソンはなぜ無罪になったか』〔現代人文社、1997年〕）。陪審員の人数は重罪事件の場合12人、軽罪事件の場合は6人であるが、州によって人数に若干の変動がある。ただ、6人以下の陪審員とすることは憲法の陪審裁判を受ける権利に反するとされており、許されない（98 Williams v Florida, 299U. S. 78〔1970〕, Burch v Louisiana, 441U. S. 130〔1979〕）。

●陪審員選定

　陪審員は、裁判所が無差別に召還した市民のうち、当日出頭した者で構成される陪審候補者の中から選定されていく。選定手続では、裁判官そして、州によっては弁護人と検察官が、陪審員に対してさまざまな質問をして、陪審員のバックグラウンドや物の考え方、偏見などを引き出す。この質問を経て、弁護人と検察官はそれぞれ、陪審員候補者を陪審員から排除する「忌避」をすることができる。

　忌避には「理由にもとづく陪審員の忌避」、「理由によらない陪審員の忌避」の二種類がある。

　「理由にもとづく忌避」は、陪審員候補者に偏見があり、陪審員としての義務を公正に果たすことができない危険性が高い場合に認められる。

　「理由によらない忌避」は、何ら忌避理由を告げることなく、一定の人数の陪審員候補者を陪審員から排除できるもので、検察・弁護が同数の候補者を忌避する権限を有している。その人数については州によってまちまちである。

●陪審公判

　陪審員が選定された後、陪審公判（トライアル）が始まる。

　裁判官は冒頭に、「説示」（jury instruction）を行なう。これは「疑わしきは被告人の利益に」の原則など事実認定にあたっての注意事項を陪審員に説明するものである。その後公判で検察官・弁護人により、冒頭陳述、証拠調べ、最終陳述が行われる。当事者による審理が終わったところで、裁判官が法律の構成要件・法律の適用などに関する「最終説示」を行い、陪審員は評議（有罪・無罪を決めるための話し合い）に入る。

●評議・評決

　陪審員のうち1人が互選によって議長となり、評議を進め、全員一致で結論を出す。全員一致で有罪、または無罪の結論に至るまで、十分に議論を尽くすことが求められているが、どうしても全員一致にならない場合は、評決不能（hung jury）になる。

　評決不能となった場合、検察官が再度の陪審裁判を諦める場合もあるが、多くの場合は検察官が諦めず、再度の陪審裁判が行われることになる。

　被告人が無罪評決を得た場合、検察官は事実認定を理由とする上訴をすることはできず、確定する。

　被告人に有罪評決が出た場合、被告人は手続の法令違反などを理由に上訴をすることができる。量刑は通常裁判官が行うが、死刑を宣告するかが問題になる事案については、通常、陪審員が量刑に関与し、死刑か否かについて勧告を行う州がほとんどである。陪審の死刑への関与のあり方は州によって異なっている。

第5章 目撃証言の誤りによる誤判

1 誤判の最大の要因——目撃証人による犯人識別の誤り

　ニューヨーク市をベースに冤罪の救済と政策提言を続ける民間団体「イノセンス・プロジェクト」は、全米の有罪評決後のDNA鑑定による無罪事例を研究している。彼らによれば全米の163（2005年当時）の有罪評決後のDNA鑑定による無罪ケースのうち125件（76.69％）は、目撃証人の犯人識別の誤りによるものだった[*1]。

　これは驚くべき数字である。目撃者の犯人識別供述が間違いやすい、とりわけ人種の異なる場合は信用ができないことは、こうして全米で認識され、その原因と改善策が真剣に考えられるようになってきた。

　犯行現場での目撃証言が全面的に信用できるものではない、ということは、全米で最初にDNA鑑定によって無実が証明された死刑囚、カーク・ブラッズワース氏の事件が端的に示している。

　メリーランド州で発生した少女殺し事件について、目撃証人の証言が決め手となり、被告人ブラッズワース氏は犯人と認定され死刑有罪判決を受けた[*2]。

　目撃証人は犯人識別過程でブラッズワース氏を目撃した人物と特定、「その人物の身長は6.6フィートくらい」と述べた。しかし、ブラッズワース氏は実際には6フィートしかなかった。陪審は目撃証言を信用して有罪評決をしたが、後日、ブラッズワース氏はDNA鑑定により無実と判明し、釈放された。さらに約10年たって、DNA鑑定が真犯人を特定した。その真犯人は、身長が5.7フィートしかなかったという。この事件は目撃証言というものがいかに信用できないものであるかを示す典型例である。

　また、警察の圧力によって目撃証言がつくられてしまうケースもある。1983年、イリノイ州のアンソニー・ポーター氏は「2人の殺人事件の犯人は彼だ」という目撃者の証言によって2件の殺人事件で有罪とされ、死刑宣告された。

無実の彼は、上訴、再審を繰り返したが否定され続けた。死刑執行の日取りが1998年3月と決定され、弁護人はポーター氏の精神状態を理由に死刑執行の停止を求め、執行の50時間前にイリノイ州は死刑執行停止を認める。その翌年、前述の証人は「警察の圧力でポーターの名前を出した」と告白、真犯人の妻が弁護団に真実を語り、真犯人が逮捕された。ポーター氏はつくられた目撃証言によってあと１歩で処刑されるところだったのであり、目撃証言の危険性を示す端的な例である。[3]

2　犯人識別の誤りに関する心理学者の研究

相次ぐ目撃証言の誤りによる冤罪事件の発覚は、目撃証言の誤りに対する司法関係者・専門家の関心を惹くきっかけとなった。司法関係者・専門家は目撃証言がなぜ誤るか、どうすれば正確性を確保できるかについて実験・調査を行うなど徹底した検討を本格的に開始する。

特に心理学者ゲリー・ウェルズは30年に及ぶ膨大な調査・研究をもとに、警察が行っている伝統的な「犯人識別プロセス」が誤りを生み出しやすいことを明らかにし、注目された。ゲリー・ウェルズの研究により①被疑者とその他の人間を同時に並ばせてその中から犯人を特定する、という伝統的な犯人特定の手法は、並んだ複数の人間の中で相対的な比較により犯人に一番似ている人間を選んでしまう、という問題があること、②担当する警察官が被疑者を知っていると、意図的でなく無意識でも目撃者（証人）に暗示を与えてしまうことが、明らかになった。[4]

この調査をもとに、ゲリー・ウェルズは、「正しい識別に影響を与えることなく誤った識別の確立を減ずる識別方法」を提唱、連邦と各州は、この提案をもとに犯人識別プロセスの改善を進めるようになった。例えば90年代後半、国立司法機関（National Institute of Justice〔NIJ〕）は、捜査機関と実務家及びこの分野の専門家による作業部会をつくり、識別手続の改善に関する検討を重ねた。国立司法機関は、1999年と2003年に「目撃証言の証拠化」という報告書を発行する。[5]ニュージャージー州警察など様々な州の捜査機関がこれにならって改革を提言、実行に移すようになった。

84

では、果たしてどんな改革が行われているのか、以下見ていこう。

3 犯人識別の方法

1 従来のライン・アップ

(1) 同時ラインアップの危険

日本と同様、アメリカの犯人識別の方法は写真による面割り、そして人物が登場する面通しの方法である。伝統的な方法は、1度に何枚もの写真を見せて、犯人を特定する、または一斉に被疑者とカモフラージュの人物たちを並ばせて目撃者の前に一斉に立たせ、その中から犯人を特定する、という方法だった。

しかし、ゲリー・ウェルズの調査は、この伝統的な一斉同時のラインアップや写真選定は、誤った識別を生み出すことを明らかにした。なぜなら、証人は、候補者のなかから、目撃者の記憶する犯人像に最も似ている人間または写真を、相対的な比較判断で選んでしまう傾向があるからである。例えば6人のラインアップが行われた場合、6人の中で一番犯人に似ている、というだけで、犯人と特定される傾向があり、真犯人の外形的特徴に類似性がある無実の人が簡単に犯人にされてしまう危険性が高い。

(2) 捜査官による暗示

ゲリー・ウェルズの研究はさらに、識別に携わる捜査官の暗示が、目撃者の記憶を汚染する、と指摘する。

まず、識別に携わる捜査官が被疑者を知っている場合、意図的でないとしても無意識的に目撃者に暗示を与え、被疑者が誰かを証人に悟らせ、誤った識別に至りやすい、という調査の結果が出たという。例えば、捜査官は面割り、面通しで被疑者について問う際、自然に緊張してしまい、態度、声色、目つき、動作などから、目撃者に「この人物が問題なのか」という暗示を与えてしまうという。

次に、仮にそのような影響を受けないまま目撃者が被疑者を識別した場合でも、捜査官が識別後に「正しい人を選びましたよ」などと声をかけると、確信のなかった識別が、捜査官の言葉をきっかけに確信に至ってしまい、公判では

全く揺らがぬものになってしまうことがある。

　このように、現実に目撃者が犯人を識別するプロセスにおいては、様々な外部からの影響が作用し、目撃者の記憶を歪め、純粋な記憶と異なる識別を行ってしまうのである。そして、識別の過程で何があったか、その過程での暗示や予断の介在の有無については、何ら陪審員の目に触れることがない。陪審員は、識別過程で目撃者に与えられた外部からの影響の有無・程度について知ることなく判断することになってしまうのだ。そこで、正しい犯人識別、正しい事実認定のためには、識別プロセスから出来る限り、外部の影響を排除することが重要となる。

2　順次・ダブル・ブラインド法

　そこで、考えられたのが「順次・ダブル・ブラインド法」（sequential double-blind identification）[*6]である。

　①　順次法とは、面通しに表われる者は、一斉にではなく一人ずつ目撃者の前に現れ、目撃者は一人ひとりについてこれが犯人か否かを確認する、という方法である。目撃者は一人ひとりの人物・写真について絶対的判断をすることが求められ、識別は現れた人間に関する証人の純粋な記憶に基づいて行われることになるので、相対・比較による選定を排除することができる。

　②　これとあわせて、「ダブル・ブラインド」つまり、目撃者だけでなく捜査官も被疑者が誰かを知らない、という条件を課すことが不可欠だとされている。なぜなら、意図的・非意図的な捜査官の影響を排除することができるからである。

　③　さらに重要なのは、担当警察官が「被疑者はラインアップ（写真）の中にいるとは限らない。だからあなたは犯人を特定しなければならない義務はない」という説明をすることである。このような説明は、「被疑者は候補者のなかにいる」「候補者の中から誰かを選ばなければならない」という圧力から目撃証人を解放し、絶対判断を可能にする。

　ゲリー・ウェルズなど、専門家の研究は、このプロセスは正確な人物特定に影響を与えることなく誤った特定を減らすことができることを示している。

4　ノース・カロライナの改革

　第3章でみたとおり、ノース・カロライナ州では、アラン・ゲル氏をはじめとする冤罪事件により、司法に対する市民の不信が非常に高まった。州の最高裁長官レイク判事はこのことを非常に懸念し、既に見てきた証拠開示に関する改革だけではなく、無実の人間が有罪と宣告されることがないよう刑事司法全体の改革を進めることが重要と考え、イノセンス・コミッションを立ち上げた。構成メンバーには州最高裁判事、弁護士のほか州検察、警察、被害者問題の専門家など州の刑事司法にかかわる有力な人々が指名された。

　この「ノース・カロライナ・アクチュアル・イノセンス・コミッション」(North Carolina Actual Innocence Commission) が最初に行なった改革は、目撃証人の犯人識別に関する改革であった。

　コミッションは以下の通り、ダブル・ブラインドも含めた詳細な目撃証人の識別に関する提言を出し、2006年1月から、この提案に基づく新しい犯人識別方法が州の全ての警察署でスタートした。[*7]

■目撃証言の犯人識別法への提言（概要）
①ラインアップと写真面割は同時ではなく、順次行われなければならない。
②識別を担当する警察官は、被疑者と面識がない者とすべきである。
③目撃証人は、被疑者がラインアップの中にいるかいないかわからない旨説明されなければならない。
④写真面割は少なくとも8枚の写真、面通しは少なくとも6人の参加が必要である。
⑤目撃証人は、識別中ないし識別後に、その結果に関する何らの情報提供も得てはならない。
⑥目撃証人は、その行った識別結果が、どの程度の自信に基づくものであったかについて、供述しなければならない。

さらに詳細な手続注意事項として以下のような項目がある。
①証人が複数いる場合は、それぞれ別個に説明を受け、互いに相談をさせて

はならない。
② 被疑者と面識のない警察官が手続を担当することとし、担当者は証人の選択に影響する言動を一切してはならない。被疑者に関して認識を持つ人物は識別手続に立ち会ってはならない。
③ 目撃証人が犯人について重要な特徴、例えば顔、横顔、背丈、体重、姿勢、声、特定の服装を説明している場合、全ての候補者はこの特徴に似たものである必要がある。普通でない身体的特徴を目撃証人が説明した場合は、全ての候補者は同じ特徴を有するか、またはその指摘された特徴の存在する身体部位を証人から隠すことが必要である。
④ 識別プロセスについては立ち会った人間の名前、識別に供された候補者の人数、写真の枚数と、候補者の氏名及び識別結果、さらに識別に際して発せられた証人の言葉が記録されなければならない。さらに、面通し手続はビデオないし写真によっても記録されなければならない。

この改革を提言したノース・カロライナ・アクチュアル・イノセンス・コミッションのクリスティン・モマ氏に話を聞いた。

クリスティン・モマ氏に聞く
犯人識別手続に関する改革

クリスティン・モマ氏

　目撃証人の犯人識別は、私たちノース・カロライナ・アクチュアル・イノセンス・コミッションが最初になしとげた改革です。
　私たちはニューヨーク市にある「イノセンス・プロジェクト」の分析などに基づき、全米で過去にDNA鑑定によって救われた冤罪事件162件の誤判原因に注目し、そのうち約80パーセントが目撃証人による人物識別の誤りに起因する

ものであったことを知りました。そこで私たちは、目撃証人の犯人識別に関する議論から改革をスタートすることにしました。私たちは、心理学者や記憶に関する専門家と話し、ノース・カロライナの捜査機関に話を聞き、さらに他の州でどのような運用をしているのかについても調査し、連邦政府の研究についても調査しました。

犯人識別のために目撃証人に6〜8枚の写真を同時に見せると、その中で比較して一番記憶に近い人を選んでしまう危険があります。

それから、識別手続に携わる警察官が被疑者を知っていると意図的にも非意図的にも証人に暗示を与えます。また、証人が1枚の写真を選んだ際に警察官が「あなたは正しい写真を選んだ」などと言ってしまうと、仮に選んだ際に確信がなくても、警察のコメントによって自信が補強され確信に至ってしまう可能性が高いのです。仮に警察官が「私は誰が被疑者か知らない」「被疑者はこのなかにいないかもしれない。だから、誰かを選ばなければならないという圧力を感じる必要性はありません」といえば全然違うでしょう。

そこで、委員会は、順次・ダブル・ブラインド法を含む改革を提言しました。

ノース・カロライナでは、私たちの提言を警察実務で実現させるために、立法や判例ではなく、じかに警察でトレーニングを行って警察の実務を変える、という方法を採用しました。2006年1月からトレーニングが始まります。全ての捜査機関の職員はこのトレーニングを年に一度受けなければならないのです。2006年から開始されるトレーニングを各郡の責任者が受けた場合、トレーニング後すぐに新しいシステムを実務に導入しなければならないことになっていますので、そのようにして2006年の早い時期に全ての実務が変わることでしょう。私たちの委員会には、警察や検察官関係者のトップも含まれており、そのような構成メンバーからなる私たちの委員会が決定したことなので、警察はこれを実務に取り入れざるを得ません。この改革は成功していくでしょう。

私たちの委員会は、これから、無実の者がDNAなどの科学鑑定を受けることができるようにするために、DNA鑑定のための証拠の冷凍保存を含む証拠の適切な保管に関する問題、無実の人間に対して救済を行う第三者機関の設置、さらには取調べの可視化について取り組んでいく予定です。

5　広がる改革

　ノース・カロライナ州、そしてミネソタ州ヒノピン郡では、2006年1月から「順次・ダブル・ブラインド法」による目撃証言の識別プロセスが導入される。さらに、ニュージャージー、ボストン・マサチューセッツをはじめ全米で「順次・ダブル・ブラインド法」による目撃証言の識別プロセス改革が進んでいる。[*8] さらに以下、注目される改革を紹介しよう。

(1)　イリノイ州の改革

　イリノイ州の死刑諮問委員会は、目撃証言の改善のために「順次・ダブル・ブラインド法」を提案したが、州議会はまず、三つの警察署において、この方法が効果的かどうかを評価する1年間のパイロット・プロジェクトを実施することを決めた。[*9]

　イリノイの州議会では、このほか、犯人識別を行う目撃証人は「被疑者はラインアップの中にいないかもしれない。だから証人は犯人を特定しなければならない義務はない。担当警察官が犯人は誰かを知っていると推測してはならない」との事前説明を受け、さらにラインアップと写真選定は、可能性がある限りその過程を写真撮影され、録音・録画されなければならない、との立法を通過させている。

　これに加えて、被告人と犯人の結びつきに関する証拠が一人の目撃証人の証言（ないし共犯者の自白）しか存在しないケースについては死刑を科すことができない、との立法も実現した。[*10]

　2006年に出されたパイロット・プロジェクトの結果、州警察が提出した報告書は、「順次・ダブル・ブラインド法」自体の導入については提言していないが、①識別に臨む証人への適切な説明、②識別にあたる捜査官は被疑者について知らない者であること、③警察官のトレーニングの強化、④コンピューター・プログラムによる捜査官を介さない犯人識別法の確立、などが提案され、さらなる研究が続けられる予定である。[*11]

(2)　公判段階の改革

　ABAは、目撃証言について、正確性を高めるための改革提言を全米に呼びかけている。ABAは上記の順次・ダブル・ブラインドに加え、陪審公判にお

いて

　①目撃証言の信用性に関する専門家証人の証言を許容すること、
　②裁判官が目撃証言の信用性に関する注意事項について陪審員に対する説示で特別の注意を喚起すること、

を提言している。[*12]

　陪審員に対する「説示」の中で目撃証言の危険性について注意を喚起するという実務は、様々な州や裁判所で取り入れられている。

　例えば2005年9月27日、コネチカット州最高裁は、州の司法運営に対する監督権限に基づき、捜査機関に対し、犯人識別に際して「犯人が面割ないし面通しの候補者の中にいない可能性がある」ということを証人に告げなければならない、と宣言し、また、公判段階では陪審員に対する説示のなかで「心理学研究によれば、『犯人が面割ないし面通しの候補者の中にいない可能性がある』と告げないで行なわれた犯人識別は誤った識別を増加させると言われています。証言の信用性を判断するにあたっては、この心理学的研究を考慮に入れなければなりません」と説示をすることを義務付ける判断をくだし、これに基づく実務運営と、陪審説示が開始されている。[*13]

　ちなみに、いち早く改革を進めたイギリスでは、警察・刑事証拠法（PACE）の最近の改正により、目撃証人の犯人識別の全過程はビデオ録画されることとなり、捜査機関の暗示の有無やプロセスの適法性について弁護側がチェックし、主張・立証を展開できるようになっている。

6　日本での課題——犯人識別手続の早急な改革を

　日本においても、犯人識別過程に関する研究が「法と心理学」の領域で進み、多数の実証的研究がされている。[*14]しかし、警察、検察、裁判実務では未だ十分な検討がなされているとはいえない。

　アメリカにおいて、目撃証言が冤罪の主要因である、との統計を見れば、識別過程において、類似の捜査実務をとっている日本においても同様の誤まりが発生する危険性が大きいことを痛感させられる。アメリカの冤罪事件に関する教訓と改革に見習い、識別手続自体の改革を進めることは、今後の目撃証言に

対する適正な評価を確保し、公正な事実認定を実現するために非常に重要な課題である。

―注―
*1　http://www.innocenceproject.org/causes/mistakenid.php
*2　Northwestern University School of Law, Center on wrongful convictions "The Exonerated".
　　http://www.law.northwestern.edu/depts/clinic/wrongful/exonerations/Bloodsworth_MD.htm
*3　http://www.law.northwestern.edu/depts/clinic/wrongful/exonerations/Porter.htm
*4　Gary Wells, the president of American psychology-law society.
　　http://www.psychology.iastate.edu/faculty/gwells/homepage.htm
*5　The National Institute of Justice "Eyewitness Evidence-A trainer's manual for law enforcement"（September 2003）.
*6　日本語では定訳がないため、「順次・ダブル・ブラインド法」とここでは紹介することとした。
*7　NORTH CAROLINA ACTUAL INNOCENCE COMMISSION― "Recommendations For Eyewitness Identification"
　　（http://www.innocenceproject.org/docs/NC_Innocence_Commission_Identification.html）.
*8　ABA "Report of Ad Hoc Innocence Committee to ensure the integrity of the criminal process"
　　Chapter 2 "Eyewitness identification procedure" p16.
*9　725OLL.COMP.STAT.ANN.5/107A-10.
*10　Thomas P. Sullivan "Preventing Wrongful Conviction-A current report from Illinois"（Drake Law Review, volume 52）.
*11　"Report to the legislature of the State of Illinois;The pirot projecton sequential double-blind identification procedures "（March 17, 2006）.
　　http://www.chicagopolice.org/IL%20Pilot%20on%20Eyewitness%20ID.pdf.
*12　ABA Report.
*13　State v. Ledbetter, Conn., No. SC 17307, 9/27/05.
　　http://subscript.bna.com/SAMPLES/cwb.nsf/85256269004a991e8525611300214487/56da21791a46286d8525708900789293?OpenDocument.
*14　浜田寿美男監修／法と心理学会ガイドライン作成委員会編『目撃供述・識別手続に関するガイドライン』（現代人文社、2005年）。厳島行雄・丸山昌一・藤田政博「目撃証言への社会的影響について――推定変数とシステム変数からのアプローチ――」（心理学評論刊行会、2005年）。

ワンポイント知識 6 アメリカの刑事手続の流れ

上訴・再審

　アメリカにおける、上訴・再審制度を紹介しよう。

　まず、死刑事件の場合、第一審が州地裁、第二審は州最高裁に係属する。そして、州最高裁の判決に不服がある場合は、連邦最高裁に上告することができる。連邦最高裁は手続に憲法違反があるか否かを審理するが、審理を開始するか否かは最高裁の裁量に委ねられる。

　最高裁で上告が認められず、死刑判決が確定した後、死刑囚には、再審の道が用意されている。多くの州が、死刑囚に対して、州の再審手続を用意しており、州地裁が再審請求審（第一審）、州最高裁が再審異議審（第二審）、連邦最高裁が再審特別抗告審（第三審）となる。

　この州の再審手続で救済されない被告人には、最後のチャンスとして、連邦の人身保護請求の手続（ハビアス・コーパス）による救済の道がある。これは、憲法に反する手続によって身体を拘束されている者の人身を保護する手続であるが、被告人に対する刑事手続に憲法違反が存在すれば、この手続によって有罪判決が覆されることになる。この人身保護請求事件を扱う裁判所は、第

死刑に関する審理

通常審*1	①一審　州地裁	②二審控訴審 (direct appeal) 州最高裁	③三審　上告審 連邦最高裁 （裁量的）
州再審手続*2	④請求審 州地裁	⑤異議審 州最高裁	⑥特別抗告審 連邦最高裁（裁量的）
連邦ハビアス・コーパス手続（人身保護手続）	⑦人身保護申立て 連邦地裁	⑧人権保護控訴審 連邦巡回控訴裁判所	⑨人身保護上告審 連邦最高裁

＊ 表は、Bryan Stevenson, "The politics of fear and death"（NYU Law Review 2002）による。
＊1　死刑事件の場合は、州高裁を通り越して州最高裁に上訴され、連邦最高裁が三審となる。
＊2　州ハビアス・コーパスまたは、ポスト・コンビクション・レメディとも呼ばれる。このような州再審手続については、州によって異なり、再審手続が存在しない州もある。

第5章　目撃証言の誤りによる誤判

一審が連邦地裁、第二審が連邦高裁、第三審が連邦最高裁である。

　次に、死刑以外の事件においては、通常審・州の再審ともに、第一審は州の地域、第二審は州の高裁、第三審は州の最高裁となる。死刑以外の事件については、州の再審や人身保護請求で救済されるケースは極めて少ないのが実情である。

第6章
DNA鑑定の発展と冤罪の発見

1 無罪を明らかにするDNA鑑定

1 DNA鑑定の発展

アメリカにおける近年の相次ぐ冤罪の発覚を可能にしたきっかけは、何よりもDNA鑑定の発展である。

ニューヨークの市民団体「イノセンス・プロジェクト」によれば、DNA鑑定により無実が明らかになった人々の数は、全米ですでに184人にのぼる。

DNA鑑定によって全米で初めて釈放された元死刑囚は、前章でも触れたカーク・ブラッズワース氏である。[*1] 彼は、1984年に性的暴行、レイプ、第1級殺人で有罪とされ、死刑判決を受けた。裁判のやり直しを求めた結果、終身刑を宣告された彼は、服役中図書館で自分の無実をはらす方法を徹底して調べ、DNA鑑定に辿りついた。

彼はDNA鑑定を申請し、1993年、法医学鑑定が「DNA証拠はブラッズワースに合致しない」との結論を出し、ようやく彼は釈放された。しかし彼の人生は、死刑囚としての2年間、終身刑での7年間、奪われてしまっていた。2003年9月、メリーランド州検察官は、DNA鑑定の結果、他の人間が犯人であることが示された、と発表した。真犯人は翌年、有罪答弁をした。

無実を勝ち取ったブラッズワース氏は、刑事司法改革の活動のリーダーとなり、DNA鑑定による誤判の被害者の救済を実現しようと行動を開始した。ブラッズワース氏がニューヨークの「イノセンス・プロジェクト」などと共同してロビー活動を行った結果、DNA鑑定に関する一連の改革法「イノセンス・プロテクション・アクト」（Innocence Protection Act）が2004年10月9日、連邦議会を通過し、現実のものとなった。

2　活躍するイノセンス・プロジェクト

　ニューヨーク・五番街の中心地にあるイノセンス・プロジェクトはDNA鑑定により無実の人を助けるプロジェクトとして知られている[*2]。

　同プロジェクトは1992年に、ニューヨークのカードーゾ・ロースクールのベリー・シェック教授、ピーター・ノイフェルト教授がロースクールの刑事クリニックとしてスタートさせたものである。現在はNPOとして大学から独立している。

　DNA鑑定により無実を証明できるという可能性の高い刑事事件を教授の監督のもとにロースクールの学生が手がける。彼らの取り組みが多くの人を救ってきた。このイノセンス・プロジェクトは、事件を扱うだけでなく、事件を通じて誤判原因を分析し、それを解決するために政策提言をしている。DNA鑑定に関する改革もその中心的課題である。常時3人の弁護士と20人ほどの学生が無罪事件を手がけ、さらに事務局長と政策ディレクター、政策専門スタッフなどがいる。

政策スタッフのレベッカ・ブラウンさん（イノセンス・プロジェクト、ニューヨーク）

2 イノセンス・プロテクション・アクト

1 DNA鑑定による救済システムの確立

2004年10月にアメリカ連邦議会が採択したイノセンス・プロテクション・アクト[*3]は、まず死刑または懲役刑を受け、犯人ではないと無罪を主張している全ての被告人に対して、DNA鑑定を受ける権利を認めた（H. R. 5107 第4章411節3600）。対象となるのは連邦事件で有罪と宣告された者、州の管轄事件で有罪と宣告され、その後州の手続を尽くしてDNA鑑定を申立てたが認められなかった者で、偽証罪に関する宣誓をした者である（3600(a)(1)）。ここで、この新法が保障する無実を証明するためのDNA鑑定手続の詳細をみていこう。

①認められるDNA鑑定は、DNAの初回鑑定、または、新技術や新しい方法論による、旧鑑定よりも実質的に証明力の高い手法によるDNA再鑑定でなければならない（3600(a)(3)）。

DNA鑑定の対象となる証拠物は、政府の保管のもとに置かれ、証拠の収集・保管手続・管理者に関する一連の流れが明確に書類化され、当該DNA鑑定の障害となる汚染や変更、除去などが存在しないことが求められる（3600(a)(4)）。また、実施されるDNA鑑定は、合理的で科学的に相当なものであり、法医学実務の趨勢と矛盾しないものでなければならない（3600(a)(5)）。

②裁判所は死刑・懲役刑囚から申立てがあった場合、訴追側に告知をして応答の機会を与え、必要な場合は証拠保全を訴追側に命じ、申立人に資力のない場合は弁護人を選任したうえで、DNA鑑定を命じなければならない（3600(b)）。

③DNA鑑定を実施する検査機関は、原則として、連邦捜査機関（Federal Bureau of Investigation）である。但し、裁判所は、検査プロセスと結果が信用でき、証拠の完全性を保全できると判断した場合は、連邦捜査機関以外の、資格ある法医学研究所にDNA鑑定を委託することができる（3600-c(1)(2)）。DNA鑑定の費用負担は、原則として申立人の負担によるが、申立人に資力がない場合は政府の負担による（3600-c(3)）。

④申立人が死刑を宣告されている場合には、申立てに対する訴追側の応答から60日以内にDNA鑑定を完了しなければならず、裁判所はDNA鑑定の120日

以内にDNA鑑定後の再審等の手続を命じなければならない（3600-d）。
　⑤DNA鑑定の結果は、裁判所、訴追側、申立人に同時に開示される（3600-e(1)）。
　DNA鑑定の結果が申立人と一致しない場合、申立人は再審を申請することができ、裁判官は証拠を総合して被告人が無罪になる証拠状況と判断した場合は、再審を命じなければならない（3600-g）。この場合、申立人のDNAサンプルは、訴追側の管理するDNAデータベース[*4]から消去されなければならない（3600e(3)）。

　以下のとおり有罪判決を受けた者に、DNA鑑定を受ける権利が明確に保障されたのである。

2　DNA関連証拠の保管義務
　同法は、このDNA鑑定の権利を担保するために、将来のDNA鑑定を可能にするよう、連邦事件に関連するDNA証拠の保管を原則として訴追側に義務付けている（H. R. 5107 第4章 411節-3600A）。
　訴追側は、被告人が懲役刑を受けた場合は、捜査の過程で収集した精液、血液、唾液、皮膚辺、その他の生物学的証拠、そして「性暴力に関する法医学検査キット[*5]」と言われる被害者の身体から得た生物学的証拠の保存物を保管する義務を負う（3600A-b）。
　この規定の例外として、政府が生物学的証拠を廃棄できるのは、以下の場合に限られる（3600A-C）。
　①前述のDNA鑑定の申請が認められず、これに対する不服申立て手続が係属していない場合
　②被告側がDNA鑑定を受ける権利を放棄した場合
　③全ての救済手続を尽くした被告人に対し、告知をしてから180日を経過しても被告人が不服申立てをしない場合
　④前述のDNA鑑定で、被告人とDNA鑑定が一致するとの結論が出された場合
　⑤証拠を所有者に返還しなければならず、証拠がごく少量であったり、その

物理的形状からDNA証拠の保存・抽出が現実的に困難な場合

　但し、⑤の場合、証拠の量や物理的形状からDNA証拠の保存・抽出が現実的に困難な場合であっても、訴追側（連邦政府）は、将来のDNA鑑定を許可するに十分な証拠を部分的に除去、保存するための合理的な対策を講ずることとされている（3600A-c(4)(B)）。

　この規定で訴追側に義務付けられている「保管」は、単に廃棄しないということにとどまらない。DNA鑑定に供する生物学的証拠の場合、通常の室温での保管では成分が劣化するため、冷凍保存等特別な保管方法が必要がある。

　前述のとおり、411節-3600は、DNA鑑定の対象となる証拠物は、訴追側の保管のもとに置かれ、証拠の収集・保管手続・管理者に関する一連の流れが明確に書類化され、かつ当該DNA鑑定の障害となる汚染や変更、除去などが存在しないことを求めている（3600(a)(4)）。訴追側にはこの要請を満たすに足りる保管が求められる。特に、DNA証拠が破壊、劣化、変質しないような保管温度その他の保管方法を含む適切な管理による保存が義務付けられていることが重要である。

3　保管義務の遵守を確保

　司法長官は、保管義務の遵守を確保するため、証拠の保管の実施方法を具体的に定めた規則を定め、この規則に従わない者への懲戒も規則で定めることができる（3600-A-e）。

　さらに画期的なのは、意図的にDNA鑑定その他、生物学証拠を利用しての刑事手続の進行を回避するために証拠を破壊、変質した者は、5年以下の懲役または罰金もしくはその双方に処せられるという厳しい刑事責任が明記されたことである（3600-A-f）。これは、政府側によるDNA関連証拠の費消により、冤罪被害者が無実を証明する道を絶たれることを防止する非常に有効な手立てである。

4　DNA鑑定による救済システムへの州の援助

　さらに、同法は、各州の有罪確定後のDNA鑑定促進プログラムに対し、2009年まで毎年500万ドルを拠出することを決定した[*6]（H. R. 5107 第4章 412

節)。

　このプログラムは、連邦のイノセンス・プロテクション・アクト同様に、無実の者のためのDNA鑑定を整備している州、またはこれからそのような制度を確立しようとしている州において、DNA関連証拠を保存するための適切な措置を講じている機関に対して、毎年500万ドルの範囲で連邦の資金を拠出し、州のDNA鑑定システムの整備を促進しようというものである。

　現在、イノセンス・プロテクション・アクトに基づいて、有罪確定者のDNA鑑定を受ける権利を保障するシステムを確立する州は、全米で相次いでいる。

3　DNAと科学証拠──イリノイ州の取り組み

1　DNA鑑定などの科学証拠に対する権利

　冤罪が相次いだイリノイ州では冤罪を救うためのDNA鑑定の整備についても特別の検討と制度改革が進んだ。イリノイ州では、ライアン知事が設置した死刑諮問委員会（ブルー・コミッション）の勧告に基づいて、無実を証明するためのDNA鑑定その他の科学鑑定に道を開く立法が実現した。

　以下、イリノイ州の改革を見ていく。

(1) 公判前のDNAデータベース検索

　DNA証拠が争点となる事件において、裁判所は弁護側の請求により、州警察に対し、公判前のDNAデータベースの検索を命ずる（イリノイ州刑訴法725 ILCS 5/116-5）。

　この検索には、被告人のDNAプロファイル、捜査の過程で収集された全ての証拠に関連するDNAプロファイル、さらに全ての重罪事件有罪確定者及び性犯罪有罪確定者について州が保管している全てのDNAプロファイル[*7]及びそのグループ分析、さらに、州または地域で保管されている未解決事件に関するDNAプロファイル[*8]それぞれの比較が含まれる。また、裁判所は、連邦の基準を満たす場合は、州警察に対し連邦のDNAデータベースの検索を要請するよう命ずることができる。

　さらに弁護人は、性犯罪者について州が保管している全てのDNAプロファ

イル分析を検分することができる。さらに、その分析にかかる全ての記録と連絡文書（電子的通信手段、ノート、メモ、報告書を含む）のコピーを交付される[*9]。

(2) 有罪評決後の鑑定を受ける権利

イリノイ州の新法はまた、有罪評決後に被告人がDNA鑑定、指紋鑑定を求める申立てをすることができると定める。DNA鑑定などの科学鑑定を受ける権利に道を開いたのである（イリノイ州刑訴法 725 ILCS 5/116-3）。このうちDNA鑑定は、単に被告人から収集された証拠と捜査過程で収集された証拠を比較するだけではなく、州が保管するDNAデータベースとの比較を含むものである。そして、仮に公判段階で被告人から収集されたDNAが鑑定により被告人を有罪に導く証拠となっていた場合でも、新しい科学技術の進展に伴う再鑑定を認めるものである。

重要なことに、DNA鑑定は、仮に被告人の冤罪を完全に証明するものでないとしても、被告人の無実の主張に関連して新証拠となりうる可能性があればこれを認めることができるとされている。

このDNA鑑定を受ける権利を実効化するために、イリノイ州では死刑等の重大事件に関して、DNA証拠の保管、管理に関する厳格な規定が定められている。

(3) DNA証拠に関する証拠開示

2001年3月、相次ぐ冤罪事件に対応するため、イリノイ州最高裁は、全ての死刑求刑事件に関して新しい証拠開示のルールを作った。最高裁規則417は、検察官に対しDNA証拠に関する結果のみならず、全てのデータを弁護側に開示するよう義務付けた[*10]。

弁護側に開示することが明文で義務付けられている情報・証拠は極めて多岐にわたる。これを列挙すると、

①全ての報告書、メモ、ノート、電話記録、汚染に関する記録、鑑定に関するデータなど当該事件に関連して実施されたDNA鑑定のファイル一式のコピー

②放射能写真撮影、発光グラフ、DQアルファ・ポリマーカーストリップ、PCRのゲル写真、電磁誘導、票データ、電子ファイルその他のデータ

③鑑定プロセスに使用された性能ガイドラインや基準に従ったことを示す記録のコピー、

④DNA実験室の手続マニュアルのコピー、鑑定プロトコール、DNAの性能証明ガイドライン、基準、DNA検査の有効性調査、

⑤当該事件に関するDNA検査に携わる実験従事者、分析者、技術者の熟練度試験結果、継続的職業訓練の証明、最新の履歴書と彼らに対する職業指示書

⑥当該実験に伴う全ての誤差や欠点、実験上のミス、そしてその理由及びその影響に関する報告書、

⑦DNA鑑定に供する証拠の収集・保管に関する責任者と保管場所の連鎖に関する記録のコピー、

⑧当該事件についての統計上の確率を算出するにあたって使われた方法論に関する、鑑定を行なった実験室作成の供述書、

⑨それぞれの検査対象である座位におけるDNA型の出現頻度またはデータベースに関するコピー、

⑩当該事件のDNA鑑定に使用されたソフトウェア・プログラムのリスト（ソフトウェア・プログラムの名称、製造元、バージョン情報を含む）、

⑪当該鑑定に関し、鑑定を行なった実験室が受けた検査完了証明のコピーなどがあるが、これにとどまるものではない（詳しくは**巻末資料5**）。

ここに掲げられているのは、日本の実務ではほとんど開示されていないものばかりである。

2　新しい独立した科学研究所の設置へ

イリノイ州では、法医学実験室が州警察庁によって運営されていることから、検察側に偏った実験結果が報告されることが問題とされた。そこで、死刑諮問委員会は、州警察から独立した中立的な法医学実験室の設置を求める勧告を出した。[*12]

この勧告は実現していないが、貧しい被告人が私的な科学鑑定を受けられるよう、基金を集めて弁護側の科学研究所を創設するプロジェクトが進行してい

る。

4　日本での課題──DNA再鑑定を受ける権利の確立

　アメリカでは、イノセンス・プロテクション・アクトにより、有罪確定者に対するDNA鑑定は非常に容易に認められるようになり、改革は各州に波及している。また、イリノイ州のような先進例もある。さらに、重要なのは、将来のDNA鑑定が可能なように、DNA鑑定の対象となりうる証拠の保存が厳格に行われている、という点である。

　日本においては、DNAの再鑑定を受ける権利は明確に保障されていないため、検察側のDNA鑑定後鑑定資料が全量消費されて再鑑定の道が閉ざされ、または証拠の劣化により鑑定不能となる場合が少なくない。また、DNA鑑定資料が捜査側により全量消費され、弁護側の検証可能性が奪われたケースにおいて、鑑定証拠の証拠能力が否定された裁判例はない。[*13]

　弁護側のDNA鑑定を容易にし、証拠の保存、管理、劣化・汚染防止を義務付ける立法とシステムの構築、さらに違反した場合の証拠能力否定などの制裁ルールの確立は、今後の重要な課題である。[*14]

　また、イリノイ州でのDNA証拠に関する包括的な証拠開示は、日本においても見習われるべきであり、実務においては、「鑑定の経過と結果を記載した書面」（刑訴法321条4項、316条の15の4項）として開示を実現するべきである。

―注―
* 1 「イノセンス・プロテクション・アクト」はJustice for all act of 2004 (H. R. 5107) の第4章として制定された。立法の経緯は以下を参照。Northwestern University School of Law, Center on wrongful convictions "The Exonerated". http://www.law.northwestern.edu/depts/clinic/wrongful/exonerations/Bloodsworth_MD.htm
* 2 The Innocence Project http://www.innocenceproject.org/about/
* 3 Justice for all act 2004, Section 411-3600.
* 4 National DNA Index Systen (NDIS).
* 5 Sexual assault forensic examination kit.
* 6 「イノセンス・プロテクション・アクト」のうち、412章は、この制度の実現に尽力したカーク・ブラッズワースの名を取って「カーク・ブラッズワース法」と名づけられた。
* 7 730 ILCS 5/5-4-3は、全ての重罪及び性犯罪有罪確定者に関し、精液、血液、唾液などの生物学的証拠を州警察に提出させ、州警察の法医学分析部がその特徴を分析し、その情報を保存する旨定めている。この情報は秘密であり、捜査や弁護側の分析など限られた目的のみに使用することが許されている。
* 8 410 ILCS 70/6.4は全ての性的被害事件に関するDNA証拠収集キットに基づく関連証拠の収集・保管プログラムをイリノイ州警察が運営するよう定めている。
* 9 725 ILCS 5/116-5.
* 10 Illinois Supreme Court Rules 417.
* 11 "Governor's commission on capital punishment," at 52, 53.
* 12 Tomas Sullivan, "Preventing wrongful convictions-A current report from Illinois" (Drake Law Review summer 2004).
* 13 足利事件控訴審判決（東京高裁1996〔平成8〕年5月9日高刑集49巻1号189〜190頁）
* 14 アメリカの裁判例などを通してこの問題を論じたものとして徳永光「鑑定資料の保存に関する一考察」（甲南法学第45巻第1、2号〔2004年〕）がある。

第7章 公設弁護人制度の実情

1 冤罪の原因としての「不適切弁護」

　アメリカの冤罪事件の大きな原因として一層深刻なのは、無罪を争うための適切な弁護が受けられていないケースの存在である。驚くべきことだが、冤罪事件の中には、被告人の要望にも関わらず、弁護人が公判で必要な証人や鑑定を申請しないまま陪審評決に達し、死刑を宣告されるケースが珍しくないという。

　こうした事態を受けて、ABAは、「死刑事件に精通した刑事弁護人のみが死刑事件を扱うべきだ」という観点から、死刑事件を扱うにあたっての弁護ガイドラインをつくり、その普及に努めている。

　しかし、ガイドラインを設定すれば全てが解決するわけではない。

　「不適切弁護」の背景には、弁護人制度そのものの問題があり、弁護体制の検討は避けて通れない。

　アメリカの死刑事件手続は非常に難解で専門的な知識を必要とするうえ、無罪を争う事件の場合、多くの調査をして無実を明らかにすることが必要である。死刑事件弁護には、高度な知識と多大な労力が要求される。

　しかし、そのような弁護活動に見合うだけの弁護士費用を保証する公的制度が存在しない州が、アメリカには少なからず存在する。そうした州では、自ら弁護士費用を支払えない貧しい被告人に適切な弁護士がつかず、結果として不適切な弁護活動があとをたたない状況である。[*1]

2 アラバマ州──公設弁護人制度のない州で起こる出来事

1 アラバマ州の刑事司法[*2]

　南部アラバマ州の刑事司法の実情は、アメリカ南部における刑事司法の不正

義の縮図といえる。[*3]

　まず、アラバマ州には2004年段階で190人の死刑囚がいる。これは全米７位の規模、人口あたりの死刑囚の率では全米１位である。

　1990年以降、死刑囚の人数は倍増し、1998年以降、アラバマは全米で最も多く死刑を執行する州となった。理由の第一はアラバマ州が全米で最も殺人事件の多い州の一つであることにある（このことは死刑が殺人の抑止となっていないことを表している）。第２の理由は死刑適用事件の範囲が著しく広範なことである。1981年以降、死刑を宣告できる犯罪の範囲は７回にわたって順次拡大された。第３の理由は、アラバマ州が、陪審員が決定した死刑以外の量刑を裁判官が破棄できるシステムを持つ唯一の州だということである。事実、裁判官は頻繁にこの権限を行使して死刑判決を出してきた。

　次に、人種差別は刑事司法に大きな影を落としている。黒人の人口は全体の33〜47％であるが、1975年以降に死刑執行された人のうち70％は黒人である。殺人被害者の65％は黒人であるが、死刑囚の80％は白人の殺害に関する事件で死刑宣告された人々である。検察官は、黒人を被告人とする刑事事件について、多くの場合、陪審員候補者から意図的に黒人を「専断的忌避」によって排除する。こうして黒人死刑囚の35％は全て白人の陪審員に死刑宣告され、黒人死刑囚の90％が陪審員のなかに黒人が１人ないし２人しかいないというなかで評決を受けている。連邦最高裁は、このような人種差別的な専断的忌避を違憲と判断している（バトソン対ケンタッキー事件）[*4]が、検察官はさまざまなテクニックを使ってこのルールをくぐり抜けている。

　さらに、貧しい被告人が依存できる弁護制度が確立していないのがアラバマ州の問題である。アラバマ州には、州全体の公設弁護人制度が存在せず、州にある67の郡のうち公設弁護人事務所があるのは、１郡のみである。多くのケースは、裁判所が指名した弁護人によって処理されているが、1999年まで、裁判外活動は１時間20ドル、法廷活動は１時間40ドルであり、裁判外活動の費用の上限は1000ドルに制限されていた。

　貧しい被告人は、このような低い報酬に相当する弁護活動しか受けられなかった。多くの場合、弁護人は必要な調査をせず必要な証人を呼ばないまま、きわめて不充分な活動のもとで弁論を終了した。こうして、多くの無実の人々に

死刑有罪判決が宣告されてきた。犠牲になるのは、経済的に貧しく、人種的に差別された黒人ばかりである。無実の者が、弁護士費用が支払われないために、つまり「貧しいために」死刑になっていくという実態である。

こうして、既にこの数年で7件の死刑事件で、被告人・死刑囚の無罪が上訴・再審段階で発覚し、釈放された。しかし、同じような不適切弁護は今もあとをたたない。

他方でアラバマ州の裁判所は大理石張りの豪華な建物であり、裁判官に対する報酬は全米でも高水準である。司法予算は設備費と裁判官の報酬に割り当てられ、豪華な裁判所の建物のなかで、貧困な被告人に対する不適切な弁護と不正義が頻繁に発生している。

2　冤罪とその原因——アンソニー・レイ・ヒントン氏のケース[*5]

アンソニー・レイ・ヒントン氏は19年前に2つの殺人事件の犯人とされて、死刑宣告を受けた。彼は1985年に、アラバマ州バーミンガム近郊の2件のファースト・フード・レストランでの強盗・殺人事件の容疑で逮捕・起訴された。逮捕当時彼は29歳の機械整備の臨時工で、暴力犯罪の前科はなかった。誰も目撃証人はなく、2つの犯行現場に残された指紋はヒントン氏と合致しなかった。

ヒントン氏と殺人事件を結びつける唯一の証拠は、第3のファースト・フード・レストランの強盗で撃たれた被害者が誤ってヒントン氏を犯人と特定したことである。州の法医学実験室の技術者は、3つの現場で使われた弾丸は、ヒントン氏の母親の銃と一致したと結論付けた。

第3の事件の際、ヒントン氏は犯行現場から15キロ離れた工場で働いていた。同僚らのアリバイ証言にも関わらず、弾丸の証拠を理由に彼は起訴された。

当時、アラバマは州の公設弁護人制度がなく、裁判所が選任した弁護人は法律により1000ドルまでしか報酬をもらえなかった。弁護人は銃の鑑定証拠を覆すなど、ヒントン氏の無実を証明する証拠を発見するための十分な資金が得られなかった。

ヒントン氏は有罪とされ、死刑を宣告され、控訴審でもこれが認容された。アラバマは、有罪確定後の再審手続に関する法的援助制度が存在しない唯一の

州である。ヒントン氏は、必死になって彼の無実を証明するボランティアの弁護士を探し始める。

1999年、「イコール・ジャスティス・イニシアティブ」（Equal Justice Initiative）という団体が、彼のケースを担当する。2002年、州の再審手続が開始され、州で最も権威のある銃の専門家が、「犯行に使用された弾丸はヒントン氏の母親の銃と合致しない」との鑑定を提出した。再審段階で検察側が開示した証拠から、検察が被告人の無実を示す証拠を隠し持っていたこと、証人にプレッシャーをかけてヒントン氏の犯行であることに言及する虚偽の供述調書を作成させていたことが明らかになった。

ヒントン氏の再審事件の審理は今も続いている。

ヒントン氏を弁護するブライアン・スティーブンソン氏はニューヨーク大学ロースクール教授。アラバマ州モントゴメリーに、貧しい死刑囚や死刑事件被告人のためのプロボノ弁護を引き受けるイコール・ジャスティス・イニシアティブを開設し、弁護活動を行なう。刑事司法制度と貧困と人種、死刑事件弁護に関する第一人者である。

ブライアン・スティーブンソン弁護士に聞く
貧しい人に対する弁護 システムが確立していない

ブライアン・スティーブンソン氏

──ヒントン氏の弁護を引き受けた経緯を教えてください。

　私は、1989年に、アラバマ州で実務を開始しました。アラバマ州には公設弁護人制度がなく、経済的に貧しい無実の人々が、弁護人制度の欠陥のために死刑になっていました。そこで、死刑囚に無料の弁護を提供するために民間団体「イコール・ジャスティス・イニシアティブ」をアラバマ州の人々とスタートさせました。死刑判決を受けて助けを求める死刑囚の弁護をプロボノで行なっています。ヒントン氏も私たちの依頼人の一人です。彼のケースは確実な冤罪です。

──アラバマ州で冤罪が頻繁に発生するのはなぜですか。

　貧しい人に対する弁護システムが確立していないからです。公設弁護人制度はないし、フルタイムで給料を得て貧しい人々の刑事弁護に専念する弁護士はいません。裁判所は弁護人を指名して弁護にあたらせていますが、その多くはトレーニングを受けておらず、やる気もあまりなく、何より少額の報酬しか支払われないため、彼らは事件を調査しないし、重要な証拠を提出しません。
　一方、検察官はただ、有罪を得ることだけに固執していて、証拠に信用性があるかどうかについて注意を払っていません。そうしたことが冤罪を作り出しています。

──州では司法制度を見直す動きがないのですか。

　残念ながら、ありません。この何年かのうちに７人の死刑囚が冤罪と認められて解放されました。その間35人の死刑執行がありました。死刑執行された人

間の5人に1人は無実という計算になります。しかし、アラバマ州ではそんな事態に直面しても制度を見直そうという動きがありません。

──ヒントン氏の事件でも全米の冤罪事件の原因としてしばしば挙げられる、目撃証言、証拠不開示、科学証拠に関する問題がありますね。

　まず、科学証拠について、私たちは一審の銃弾に関する鑑定は誤っていたことを明らかにしました。アラバマ州に一つしか刑事事件専門の実験室がありません。しかも、州の検察庁から独立した実験室ではないのです。その結果、この実験室が出した結論にはいつも問題が多いのです。ヒントン氏のケースでは、州は専門家にプレッシャーをかけて検察よりの結論を出させたのではないかと思います。専門家は、独立した科学者として検査をしているというよりは、検察官や捜査官のために動いていると思います。

　次に、証拠開示ですが、彼のケースの再審申立理由の一つは、被告人に有利な証拠を検察官が保持していたという点です。被告人に有利な証拠を事前に開示する義務が州の法律上も、憲法上も定められていますが、検察官は有罪を得ることだけに固執しているので、無罪証拠を隠したまま有罪に持ち込むことがよくあります。再審段階で開示された証拠の中には、陪審公判でおこなわれた証人の証言と根本的に矛盾するものがあります。これが陪審公判で出されていたとしたら、違う結論になっていたと思います。

　最後に、目撃証言については、あまりに不確実であることが明らかになっています。そのため、補強証拠がない限り目撃証言のみによって死刑を含む犯罪を有罪にしてはならないという提案もあります。特にヒントン氏のケースのように、白人の証人が黒人を識別するという、目撃者と対象者の人種が異なる場合の犯人識別は非常に誤りが多いのです。本件でさらに何が起きたかというと、証人は写真でヒントン氏を犯人と特定したのですが、特定の際に使われた写真のうち、ヒントン氏の写真には彼のイニシャルが書かれていました。証人はそのイニシャルを知っていました。これは明らかに誘導・暗示を与えるものでした。

――刑事弁護報酬の低さについて詳しく説明してください。

　アラバマの刑事司法制度には今指摘したような冤罪の原因となる様々な要因があるのに、この問題を乗り越えようとする弁護活動ができない理由があります。

　2000年までに死刑宣告された者たちのほとんどは、１件1000ドルの弁護士の援助しか受けられませんでした。2000年までは、公判準備にいくら時間をかけたとしてもその対価としては1000ドルしか支払われませんでした。法廷外活動に対する報酬の上限を1000ドルとする総額規制があったからです。これでは十分な弁護活動ができるはずがありません。

　私たちは有罪が確定した死刑囚の救援を主にやっていますが、貧しい被告人たちは、十分な弁護を受けることなく、短時間で有罪にされ、死刑にされてしまっています。2000年に法律が改正されてその上限は取り払われました。現在は法廷における活動は１時間60ドル、法廷外活動は１時間40ドルになりました。それでもまだ少ないといえます。

　陪審公判では報酬の上限が撤廃されましたが、控訴審事件は2000ドル、死刑再審事件は1000ドル、死刑以外の再審事件については600ドルという上限があります。

――どうしてここで弁護活動をしているのですか。

　この州の刑事司法には本当に問題が多いので、私たちはここにいて活動したいと思っています。私たちは裁判所から受け取る報酬だけではよい活動ができません。州は１円も私たちに拠出せず、連邦も予算を拠出するのをやめてしまったため、私は毎年、年間100万ドル以上の寄付金を集めて運営しています。このような多額のファンドを集めるのは本当に大変です。

――終身刑については誰が手がけているのでしょうか。

　これは大きな問題です。私たちの予算上の能力は限られており、死刑事件しか取り扱えません。終身刑の冤罪や憲法違反のケースはたくさんあるのに、そうしたケースについて再審をやって、無実の人を救おうとする人間がいないのです。

3　ABAの提言と連邦政府の改革

1　ABAによる「不適切弁護」の告発

　以上のような不適切弁護による冤罪は、アラバマ州だけでなく全米で表面化した。1963年にギデオン対ワインライト事件で連邦最高裁は経済的資力のない重罪事件における被告人の弁護人依頼権は憲法上保障されなければならないと判断したが、実質的には、アメリカの少なからぬ地域で、あまりにも低い報酬のため、経験も熱意もない弁護士が不適切な弁護活動を繰り広げており、経済的資力のない被告人が憲法上の保障を実質的に受けているといえない事態が存在する。ABAは2004年に「ギデオンの約束――アメリカの平等な正義――は破られた」という本格的な報告書を発表し、不適切弁護の状況を告発し、連邦が憲法上の保障を実現するために予算を拠出すべきだと勧告した。[*7]

2　死刑事件の弁護体制に関する改革

　そうしたなか、連邦政府は死刑事件の弁護体制に関する改革を決断する。

　前章で紹介した、無実の者にDNA鑑定の道を開くイノセンス・プロテクション・アクトにはもうひとつ重要な改革が盛り込まれていた。それは、貧しい被告人、特に死刑事件の被告人のために、連邦が州の弁護体制に対する助成を行う制度の復活である。実は、州の弁護体制を支援するための連邦の助成金制度は以前存在したが、90年代半ばに凍結されていた。しかし、相次ぐ冤罪の原因として弁護体制の問題が浮上し、政府は対応を迫られたのである。

3　イノセンス・プロテクション・アクトによる援助

　イノセンス・プロテクション・アクトは、死刑事件で起訴された貧しい被告人、または、有罪が確定した貧しい死刑囚に対し、質の高い弁護体制を保障するために、以下の助成金の拠出を定めた。すなわち、

　連邦政府（司法長官）は、

　①公設弁護人事務所ないし州の裁判所が法律上選任する弁護人選任制度に対し、

　②上記機関に良質な弁護人を被告人に提供するシステムがあり、死刑事件に

関する特別なトレーニング・システムが整い、監督体制が確立していることを条件として、連邦の予算を拠出する。

③その目的は、公設弁護人事務所ないし弁護人選任制度が以下の条件を満たすことである。

(i) 公設弁護人については、検察官と同等の報酬を保障し、

(ii) 州の選任弁護士については、死刑事件の責任の重さを考慮しつつ、弁護士の質や経験、地域相場の観点から、実際にかかった時間と労力に基づき、経験や能力に基づいたタイムチャージで計算した金額の報酬を保障し、

(iii) 弁護チームの弁護士以外の調査員、量刑専門家その他の専門家などのスタッフについては、死刑事件で弁護団を援助する特別技術を考慮した相応の金額の報酬を保障し、

(iv) 弁護チームが使用した実費のうち合理的なものは、清算をして返還する。

④州に拠出する総額のうち75パーセントは第一審事件に、25パーセントは再審事件の助成にあてる（以上、H. R. 5107 第4章421節）。[*8]

4 公設弁護人制度の整備された州では

1 ニューヨーク州の公設弁護人制度

ニューヨークの公設弁護人事務所「リーガル・エイド・ソサエティ」（Legal Aid Society）は質の高い刑事弁護の保障と、新人弁護士のトレーニング・システムの充実で知られている。

この事務所の弁護人には任期がないため、多くの弁護士はその道10年、20年のベテランであり、知識・経験が蓄積されている。

また、公設弁護人事務所には弁護士以外の優秀なスタッフが欠かせない存在である。

特に、専門調査員（Investigator）は重要であり、証人探しや、証人からの第1回目の聴き取り、陳述書作成などは、基本的に調査員が行い、弁護士は法廷戦術に専念できる体制となっている。リーガル・エイド・ソサエティでは、

弁護士のほか、多数の専門調査員など充実したスタッフを擁し、その結果、質の高い弁護を提供している。また、政府から完全に独立した自治権を確保し、市や裁判所の実務を不当と認めたときは、提訴やストライキという抵抗手段で臨んで、弁護側の権利の拡充を勝ち取ってきている。

2　ミネソタ州の公設弁護人

ミネソタ州では、公設弁護人に対して、検察官同様の報酬が支払われ、任期はない。その結果、優秀な人材が公設弁護人になり、非常に熱心で充実した弁護活動を展開し、冤罪事件は少ないとされている。そのような弁護体制の充実のもと、既に見てきたとおり、取調べの可視化、証拠開示、目撃証言に関する改革など、次々と公正な刑事裁判を実現するための改革を実現している。

5　日本での課題——適切な弁護を保障する弁護体制

アラバマ州の現状は、刑事弁護に対する予算、そして弁護士に対する報酬の低さがいかに多くの冤罪被害をもたらすかを示している。スティーブンソン教授らの努力にも関わらず、いまも報酬が低い水準のアラバマ州では冤罪が相次ぎ、それを防ぐ刑事司法改革も着手されていない。報酬の少なさを反映して、刑事弁護に取り組む弁護士の層が少ないからである。他方、公設弁護人に検事並みの給与と安定した身分が保障されるミネソタ州では、冤罪事件が少なく、次々と改革が実現している。刑事弁護に取り組む弁護士に対する予算の規模は、刑事弁護を受ける人々の人権や生死、そして刑事司法制度改革の前進にまさに直結する問題であることがわかる。

この点、日本の現状を振り返ってみると、現在の国選弁護報酬は、最近引き上げられたアラバマ州の水準すら下回る場合が多いと考えられる。今後の集中審理による弁護人への負担の加重や公判準備活動の重要性を考えるとき、現在のボランティア・ベースとも言うべき国選弁護体制では、明らかに不十分である。弁護体制の不備による冤罪というアラバマ州の事態は他人事とはいえなくなるであろう。

今年設置された日本司法支援センターにおいては、スタッフ弁護士に検事並

みの報酬が保障されているものの、スタッフ弁護士には任期があり、更新を制限されている。[*9] 任期がなく安定して経験を蓄積できるアメリカの公設弁護人事務所とは大きく異なっている。さらに、弁護士以外の専門スタッフの拡充については全く着手されていない。

この点で、アメリカが2004年に制定したイノセンス・プロテクション・アクトの示唆するところは極めて重要である。

今後集中審理が進んでいく日本の刑事裁判において被告人に対する適切な弁護を保障するために、

① 公設弁護人事務所（現状では日本司法支援センター）に十分な予算拠出を行い、スタッフ弁護士については、検察官と同等の報酬を保障し、かつ任期制限を設けないこと、

② 弁護士以外の専門調査員などの体制拡充、トレーニング・システムの整備とそのための予算の拠出も行うこと、

③ 公判準備の重要性を考慮して、国選弁護報酬を増額し、弁護士の力量と労働に応じた採算ベースにあう報酬・実費を保障すること、

は極めて重要である。

―注―

*1 Stephen Bright "Counsel for Poor, The Death sentence not for the worst crime but for the worst lawyer"（The Yale Law Journal, 1994）.
*2 Bryan Stevenson "Close to Death ; Reflection on Race and Capital punishment in America"（Debating the Death Penalty, Oxford University Press, 2004）.
*3 グレゴリー・ペック主演の「アラバマ物語」（原題 To Kill a Mockinngbird）は、1950年代の南部アラバマ州の人種差別による黒人に対する刑事司法手続の実情を表現した映画として名高い。しかし、当時とかたちを変えたものの、不平等、不公平な刑事司法という問題は続いているのが現状である。
*4 Batson v. Kentucky 476 U. S. 79（1986）.
*5 Anthony Ray Hinton――Human rights violation in Alabama, June 2005.
*6 Gideon v. Wainwright, 372 US 335（1963）.
*7 ABA "Gideon's Broken Promise : America's Continuing for Equal .Justice"（2004）http://www.abanet.org/legalservices/sclaid/defender/brokenpromise/
*8 Section 421 Innocent Protection Act（H. R. 5107 Justice for All Act of 2004）.
*9 日本司法支援センターのスタッフ弁護士の任期は法曹経験10年以下の者は3年で、法曹経験10年を超えるまでの間に2回まで更新可能、法曹経験10年を超える者は2年契約で2回まで更新可能だとされる（日弁連新聞2006年5月号）。

ワンポイント知識 7 アメリカの刑事手続の流れ
人種偏見と陪審裁判

　ルイジアナ、オクラホマ、テキサス、アラバマ、ジョージア、ノース・カロライナなど南部の各州では、冤罪の発覚により死刑台から生還する人々の人数が全米でも多い。

　その背景として、弁護体制の不備とともに、人種による偏見が陪審制をゆがめていることが指摘できる。

　圧倒的多数を白人によって構成される陪審員に黒人の被告人が裁かれる、という構図はしばしば見受けられる。ジョン・グリシャム原作の小説・映画「評決のとき」は、黒人の被告人が白人殺害の罪に問われる事件で、検察官が黒人の陪審員候補者を全て「理由によらない忌避」で排除し、白人だけの陪審員が被告人を裁くものだった。

　被告人がマイノリティの場合、同じ人種の陪審を全て排除する、という手段は、映画だけの世界ではない。とりわけ南部の州では、検察官によって常套手段のように使われてきた。

　こうした実態に対し、連邦最高裁は1986年、バトソン対ケンタッキー事件（Batson v. Kentucky, 476 U. S. 79〔1986〕）において、「検察官の『理由によらない忌避』は無制限ではなく、憲法の平等原則の制約に服する。検察官が意図的に黒人の被告人の事件で黒人の陪審員候補者を排除することは平等原則に違反する」とし、そのようなかたちで選定された陪審員による裁判は憲法違反であり、無効とした。

　しかし、その後も検察官は、「人種を理由とするのではない」と様々な口実をつくって、黒人の陪審候補者を理由によらない忌避で排除しつづけてきた。

　2005年6月、ミラー対テキサス（Miller v. Texas）事件は、黒人陪審候補者11人中10人を排除する検察官の『理由によらない忌避』は差別的なものと推定し、検察官はこの推定を覆すために、明確な理由を示さなければならない、とした。

　しかし、この最高裁判例がきちんと現場で実現していくかは、能力のある適切な弁護人が、最高裁判例を法廷で的確に活用するかどうか、つまりは、弁護体制の問題に帰着することになる。

第8章
進む陪審改革
——市民にわかりやすい裁判、市民が積極的に参加する制度を

1 裁判員制度が始まる

　日本では2009年から、一般の市民が刑事裁判に参加し、裁判官とともに有罪・無罪と量刑を決める「裁判員制度」が始まる。市民が刑事裁判を理解し、公正な判断を実現できるようにするため、刑事司法の自己改革・基盤整備が求められている。この点で、永らく市民のみによる評決で有罪・無罪を決定してきたアメリカ陪審制の経験が参考になる。

　アメリカでは近年、新たな「陪審改革」が進んでいる。その主な内容は、陪審制の基礎となる市民参加の面での改革、そして陪審員にとってわかりやすい裁判を実現するための改革である。この陪審改革は、必ずしも冤罪に端を発したものではない。しかし、コミュニティを代表する市民が積極的に裁判に参加できるような環境を保障すること、そして市民が証拠に基づいて判断できるようなわかりやすい審理の内容が確保されることは、適切な事実認定のための大前提である。市民参加制度が市民にとって苦痛ばかりで、召喚によりいやいや出頭し、理解できないようなわかりにくい審理が行われる、ということでは、公正な判断を確保することは期待しにくい。

　わかりやすい訴訟運営を確保し、積極的な市民参加を実現するために、アメリカではどのような取組みがなされ、さらに新たな改革が実施されているかを紹介する。

2 陪審員にわかりやすい裁判

　日本でも裁判員制度の実施に向けて「わかりやすい裁判の実現」が課題となっている（裁判員法51条）。アメリカではどのようにしてわかりやすい裁判を

実現しているのか、ニューヨーク州、カリフォルニア州を中心にアメリカの実務を見ていく。

1 直接主義・口頭主義の徹底

陪審公判において、証拠調べは基本的に証人尋問によって行なわれ、陪審員は、証人尋問を見聞きすれば判断ができる仕組みとなっている。

書証はほとんど提出されず、陪審員は書面を読み込んで判断をする必要がない。専門家による鑑定に関しても、鑑定書が提出されるのではなく、専門家が証人として法廷で証言するだけである。陪審員が専門家の意見を理解しその信用性を判断できるように、難解な科学的知見について、陪審員にわかりやすく説明することが当然求められ、重要な概念を説明するパネルを使用するなど様々な工夫がされている。

2 書証・実況見分図面などの工夫

実況見分図面など争いのない証拠に関しては、拡大したパネルを陪審員に示して尋問が行なわれる。

また、州や裁判所によっては、争いのない証拠書類（犯行現場再現図や写真など）のコピー一式をノートブックにして全ての陪審員に公布し、それを参照しながら公判を見聞できるようにしている。さらに、裁判所によっては、陪審員がメモを取ることが許されている。

3 検察・弁護のプレゼンテーション

検察・弁護双方は、審理の冒頭に、陪審員にわかりやすいかたちで争点を明らかにし、証人尋問においても、争点が鮮明になるような質問の設定に努力する。また、最終弁論においても、ポイントを絞り、明快な弁論を展開する。

難解な事件を陪審員にわかりやすく説明し、かつ陪審員を説得するため、検察官・弁護人は相当のトレーニングを積んでいる。

4 弁護技術のトレーニング

陪審裁判では、検察・弁護双方が、わかりやすい争点を設定し、主張のポイ

ントとなるキャッチフレーズないしストーリーを繰り返し陪審員に伝える。

　例えば、ある公設弁護人の訓練セミナーでは、講師（ベテラン刑事弁護士）が「今日の公判の内容が翌朝の新聞に載っていて、陪審員がこれを読むことを想像してみましょう（著者注——現実には陪審員は事件に関する報道に接することを禁じられているので、ありえない）。その見出しをどうするか、決めるのは弁護人であるあなたです」と切り出し、陪審員に理解させたいストーリー展開、証人ごとの尋問における獲得ポイントを決め、それに沿うプレゼンテーション、尋問を弁護人に考えさせ、それを実際に訓練する、という方法が取られる。

　ロースクールの刑事弁護クリニックにおいても、このような口頭弁論・尋問技術のトレーニングが主であり、常に「主張のポイントを明確に示す」ことが学生に要求されている。

5　視覚に訴える立証

　陪審員に主張や証拠関係をわかりやすく伝えるため、パネル、フリップなどを活用する例は多い。さらにカリフォルニア、ニューヨークなどでおこなわれているプレゼンテーションには、以下のような方法がある。

(1)　パワーポイント

　パワーポイントを使用したプレゼンテーションは重大事件では主流となっている。複雑な論点の絡み合う事件において、検察官は、各論点・間接事実をパワーポイントで提示し、さらに時系列の流れをパワーポイントで示し、わかりやすく論点を陪審員に提示する。法廷の陪審員席の対面にある壁に大きなスクリーンが設置され、パワーポイントが映し出されて、陪審員は視覚的に論点を整理することができる。このようにパワーポイントは、複雑な殺人事件など、論点が多岐にわたる事件の最終弁論において、重要な役割を果たしている。

(2)　OHPを利用した立証と速記

　弁護人が、検察側証人の矛盾・変遷を陪審員に提示し、信用性がないことをアピールするやり方は、アメリカの陪審制でもしばしば見られる。しかしそのためのアピール法は巧みである。ニューヨークやカリフォルニアではOHPを多用する。つまり、証人の証言の矛盾を陪審員にわかりやすく説明するため

に、公判前尋問での証言録取書と、公判の証言録取書を並べてOHPに映し、変遷部分をマーカーなどで強調し、矛盾・変遷を鮮明に印象付ける。また、弁護側は、証拠や現場の写真などもスクリーンに映して、証拠の矛盾、不自然・不合理性、作為性を指摘する。このような手法は、検察側立証の矛盾点を弾劾する、という弁護側立証には極めて有効であり、裁判員制度のもとでも不可欠となってくるであろう。

　ところで、このような証言の矛盾を突く弁論ができるのは、優秀な速記システムに負うところが大である。例えばカリフォルニアでは、速記官は証言や弁論をその場でコンピューターに入力し、それが即座に検察官、弁護人席に設置されたコンピューターの画面にも映し出され、文字で確認することができるシステムになっている。

　また、ニューヨークでは、陪審員席にコンピューターが設置され、パワーポイントなどをスクリーンだけでなく、陪審が自分の席のコンピューター上で見ることも可能となっている。例えば、検察側が公判廷における被告人供述の反訳文を陪審員に示す場合は、反訳文がコンピューター画面上から陪審員に見えるようになっている。

　カトリーヌ・パウエル・ケネディ氏（ロスアンゼルス刑事裁判所裁判官）は、陪審員にわかりやすい工夫について、つぎのように語る。

　「ロスアンゼルスの裁判所は最先端の陪審改革の議論を取り入れ、陪審員にわかりやすい工夫として考えられる全てのことを取り入れている。近年、OHPやパワーポイントをスクリーンで映し出すという最新技術を取り入れたが、この改革は、陪審員にとって視覚にも訴えてわかりやすく、ただ口頭での弁論を聞くよりも理解しやすいので、必要なことだと認識している。また、陪審員の頭脳が飽和状態に陥らないように適宜休憩を取ることも重要である」。

3　陪審員に対する裁判官の説示――ニューヨーク州を例に

1　公開法廷での説示

　法律用語、法律構成要件など、判断の前提となる法律問題は、市民には通常縁遠い。これをどのようなかたちで理解してもらうのが適切であろうか。

日本の裁判員制度においては、評議の際に裁判官が「必要な法令に関する説明を丁寧に行う」（裁判員法66条5項）とされている。つまり、個々の裁判官が評議室で説明を行うというのである。果たしてこれで十分といえるだろうか。

　この点、アメリカの陪審制では、裁判官は法律構成要件や違法性判断、事実認定の方法と立証責任について、まず審理の冒頭（冒頭説示）に、そして審理の最後にも（最終説示）、公開法廷で陪審員に説明を行う。これを説示（Jury Instruction）という。

　アメリカでは、この「説示」は必ず公開法廷で、検察官・弁護人立会いのもとで行われなければならない。説示は全て記録されて訴訟記録に綴られ、その内容が不適切な場合は、そのことが上訴の理由となる。このようにして、裁判官が陪審員の判断の前提として行った説明が検察官・弁護人によってチェックされることは、適切な説明を実現するうえで極めて重要なことである。

　他方、アメリカでは、裁判官が当事者の立会いのないところで、陪審員にアドバイスや説示をすることは許されない。アメリカでは、裁判官が、弁護人の立会いなく陪審員に接触することそのものが、弁護人依頼権と抵触し、不適切な影響を与えるとして、そのような接触・会話がなされた陪審評決は無効と解される例が多い。例えば、裁判官が弁護人・被告人の同席がない状態で陪審員と会話をするのは違法であるとされ（デヘルナンド事件，1984年）[*1]、裁判官が弁護人の立会いのないところで、陪審員に再度説示を読み上げ、陪審員の質問に対し回答を拒絶した場合、裁判官の説示が記録されていたとしても、弁護人による防御を受ける権利を侵害したと判断され（ジョンソン事件，2003年）[*2]、評決が無効とされた[*3]。

　過去に評決無効とされた事案を分析すると、弁護人の不在の場でなされた裁判官の言動に不適切な内容を含むものが多い。陪審に対する説示が公開法廷で行われることは、当事者の立会いにより裁判官の影響力を適正・適切なものにし、当事者不在の場で裁判官が陪審員の心証形成に不適切な影響を及ぼさないようにするために極めて重要であることがわかる。

第8章　進む陪審改革

2　説示内容に関する統一

　例えばニューヨーク州の裁判官は、州の統一的な説示集に基づき、それぞれの原則、法律論について常に決められた内容の説示を陪審員に対して行わなければならない。ニューヨークで刑事陪審法廷を取り扱う裁判官は、全員が経験豊かであるが、事実認定の方法や違法性判断、法律構成要件判断の説明が裁判官によって異なったり、不正確・不適切であったり、わかりにくいという事態を避けるため、統一した説明を行うことになっているのである。ニューヨークの説示集を作成しているのは、裁判官2名を共同議長とし、裁判官8名、弁護士7名、助言者1名が加わる「刑事陪審説示委員会」である。彼らは、陪審員にわかりやすく、かつ正確な説示を議論のうえ確定させる。各裁判官は必ずこの説示集に従った説明を行うこととなっている。

　例えば、刑事事件の総論的な説示には以下のようなものがある。[*4]

　立証責任、無罪推定、合理的な疑い、大陪審、起訴状は証拠ではない、正当防衛、違法性の認識、責任能力、動機、認容、証拠、証拠の信用性、犯人識別、専門家証人、証言の補強、自白、自白の補強法則、被告人が証言しない場合の説示、性格に関する証拠、所持、共同被告人、共同正犯、従犯の責任、評議事項、陪審員の行動規範。

　さらに、各犯罪の構成要件に関しても委員会が協議をして、陪審員にわかりやすく、かつ正確な説示を決める。

　なお、州によっては、説示集ではわかりにくい点を敷衍するために、説示集の内容から一歩進んだ詳細な説示が行われる場合がある。しかし、その場合の説示作成の過程には弁護人・検察官も立会い、協議のうえで決められている。[*5]

　このようにして、検察官・弁護人の立会いによるチェックとあわせて、委員会による説示内容の設定によって、陪審員に対する裁判官の説示の正確性が担保されているのである。

　裁判員制度における「説明」も、このようなアメリカの努力に学び、同様の措置が取られるべきである。

4 わかりやすい審理に──ニューヨーク州の陪審改革①

ニューヨークでは、「陪審員にとってわかりやすい審理方法の工夫」のための改革が進行している。

1 陪審公判プロジェクトの提言
(1) 裁判所がプロジェクトを設置

ニューヨーク州裁判所は、2003年1月、「どのような公判実務が、陪審員にとってわかりやすいか」に関して調査・提言をする「陪審公判プロジェクト」（Jury Trial Project）をスタートさせ、2年間に及ぶ研究を開始した[*6]。

50人の裁判官がこのプロジェクトにかかわり、そのうち、25人は自分の陪審公判で、両当事者の許可を得て、改革の実験的試みをした。

このうち、裁判官から陪審員に対する説示に関する改革としては以下の三つの方向性がある。

① 冒頭説示の改革

従来、審理開始前に実施される冒頭説示は、立証責任と事実認定の方法に関する説明にとどまっていて、対象事件の構成要件に関する説明はなかった。

しかし、最初に構成要件を説明したほうが、陪審員の判断を容易にする、という意見が強くなった。そこで、冒頭説示でも当該事件の法律構成要件に関する説示を取り入れる改革が提案されている。

② 書面による説示

従来、説示は法廷で裁判官が口頭の説明をするだけであり、評議の際に正確にそれを再現することが困難であった。そこで、口頭で行った説示と同じ内容を書面にして陪審員に渡し、評議の際に参照できるようにする改革が提案されている。

③ 説示の平易化

説示の内容をさらに市民にわかりやすいものにすることが提案されている。

(2) プロジェクトの行なった実験

陪審公判プロジェクトの25人の裁判官は、こうした説示の改革も含めた改革を、当事者の許可を得て、自分の法廷で実験的に試行した。

第8章 進む陪審改革 123

① 冒頭説示の改革
裁判所は審理の冒頭に法律構成要件などについて説示を行う。
② 書面による説示の交付
口頭で行った説示を書面化して陪審員に渡し、犯罪の定義、成立要件を書面に明記する。
③ 陪審員選定手続の際に弁護士・検察官が事件に関する短いスピーチをすることを許す（選定段階から事件についての注意を喚起するため）。
④ 陪審員に質問権を認める（質問を紙に書いて裁判官に渡す方法）。
⑤ 争いのない証拠書類（犯行現場再現図や写真など）のコピー一式をノートブックにして全ての陪審員に公布し、それを参照しながら公判を見聞できるようにする。

こうした改革を試行し、その結果をアンケートで確認したところ、裁判官、検察官、弁護人、陪審員ら全ての参加者から、①～⑤全てについて肯定的な感想が返ってきた。

ニューヨーク州では、このアンケート結果をもとに陪審改革の提言を発表し、現在、議論が進行している。

2　わかりやすい説示に

ニューヨーク州では、「刑事陪審説示委員会」が作成した説示をさらにわかりやすいものに改善しようとしている。裁判官および言語学の専門家が2004年に4カ月をかけて説示を再検討し、平易なものに改善する案を作成した。同年夏、ブルックリンとブロンクスで、陪審に召喚されたが選任されなかった市民を対象に、従前の説示と改善案をビデオで上映し、市民の理解度をチェックした。このフィードバックをもとに、さらなる説示の再検討が現在進められている。

5 市民が参加しやすい制度に──ニューヨーク州の陪審改革②

1 陪審改革の出発点

(1) ブルー・リボン・パネル

　日本において「裁判員」になることに消極的な市民の意見が少なくないという。これは日本特有の問題であろうか。この問題は、アメリカの陪審制度にとってもまったく無縁ではなかった。

　ニューヨークの陪審制度は約10年前までは、「誰も参加したくない」制度だった。市民の負担に配慮せず、過大な陪審義務が課され、そのため陪審制度は市民に全く人気がなく、陪審辞退者、不出頭者が続出した。

　そこで1993年夏、ニューヨーク州主任裁判官に赴任したジュディス・ケイ判事は、「陪審プロジェクト」（Jury Project。略称「ブルー・リボン・パネル」陪審改革のための協議会）を設立する。裁判官、弁護士、陪審コミッショナー、教育者、ジャーナリスト、そして経済界の人間約30名がメンバーとなった。

　プロジェクトは、

　①陪審候補者は真にコミュニティを代表しているか
　②陪審制度は効果的に機能しているか
　③陪審義務は市民にとって好ましい体験となったか

を検証し、ニューヨークの陪審制度の改善を検討した。

(2) 改革の提言

　ブルー・リボン・パネルは、1994年、改革のための報告書を発表、その内容は、過大な陪審義務を軽減し、施設改善その他により、陪審員ができるだけ快適に過ごせる環境を整えること、そして誰もが陪審義務を果たせるように、陪審義務の延期をフレキシブルに認め、陪審除外事由を取り払うこと、これら改革を実現するために市民による第三者機関を設置することを提言するものであった。ニューヨーク州はこの提言を受けて抜本的な陪審改革を実現する。ニューヨークが何を取り組んできたのか、以下に見ていこう。

2　改革の内容

　ブルー・リボン・パネルの提言を受け、ニューヨーク州が行った改革は以下のとおりである。

　①　陪審義務の短縮

　1996年の法改正で、陪審候補者の義務が２週間から２日になった（ただし、陪審員に選定された場合は、事件の評決に達するか、評決不能になるまで）。

　改革以前は選定手続に呼ばれるまで２週間も待合室で待たされていたが、現在は２日の間に陪審員に選ばれなかったら義務は終了する。

　②　陪審免除の徹廃

　1997年以前は、弁護士、裁判官など26種の職種について陪審義務が免除されていた。1997年の法改正は陪審免除を全て取り払い、これらの職種にも陪審義務を課すことになった。これは陪審義務の公平性（市民なら誰でも果たすべき義務である、ということ）にとっても、また、コミュニティの全ての代表が参加するという制度趣旨にとっても、非常に重要な改革である。陪審員の召喚状にはいま「陪審義務の免除職種は現在一切ありません」と明記されている。

　③　陪審員の手当て

　１日15ドルであった手当てを1995年から40ドルおよび食費・交通費に引き上げた。

　④　召還は６年に１度

　2004年の改正で、陪審員としての召喚は４年に１度から６年に１度になった。より多くの人に公平に陪審員になってもらうための改正である。

　⑤　施設面での改善

　座席や待合室、トイレを居心地よくし、自動販売機などの付帯設備を整備して、施設面で陪審員が快適に過ごせるよう努力している。最近は約50万ドルをかけて、陪審員の座席を改善した。2004年４月に、パソコンを陪審員の各席に設置した。陪審員待合室にはワーク・ステーションがあり、パソコンを持ち込んで仕事をすることも可能となっている。

　⑥　延期制度

　厳格であった陪審義務の延期申請を簡略化した。現在では、召喚状に延期希望欄があり、記入して送り返すことにより、簡単に延期ができる。また、フリ

ーダイヤルやインターネットからも無条件で延期を申請でき、希望どおりに延期が認められる制度となっている。

⑦　職員の充実

陪審制度の適切な運用、普及、陪審員に対する行き届いたサービスを確保するために、陪審制度専門の職員を拡充した。ニューヨーク州（62郡）全体で225人、マンハッタンだけで35人の職員が陪審制のためだけに働いている。

⑧　陪審制の運営をモニタリングする第三者機関の設置

陪審制の運営をモニタリングする第三者機関を設立すべきだ、というブルー・リボン・パネルの勧告を受けて、ニューヨーク・マンハッタンにNPO「市民の陪審プロジェクト」（Citizens Jury Project）が設立された。これは、陪審制を監視し、改革提言を続ける、州から独立したNPOである。フォード財団などの資金援助を受け、専門スタッフおよび学生インターンによって運営され、毎年、報告書と改革提言を出している。

画期的なことには、マンハッタン、クイーンズなどの裁判所では、陪審員待合室の横に「市民の陪審プロジェクト」のブースが設置され、スタッフが常駐している。裁判所は当然に彼らの常駐を許可しているのだ。

陪審員は困ったことや、裁判所の対応に対する苦情があれば、彼ら「市民の陪審プロジェクト」のスタッフに報告・相談することができる。「市民の陪審プロジェクト」のメンバーは、裁判所のスタッフに陪審員の苦情や要求を伝え、改善を要求するシステムが確立している。

⑨　障害者の参加の機会の保障

視聴覚障害を含む全ての障害者が陪審となれるように特別な配慮を図っている。目や耳が不自由な陪審員のために州の予算で通訳人をつけている。召喚状には「障害があれば申し出てほしい」との記載がある。障害を持つ人々もコミュニティの一員であり、陪審から排除すべきではない、との考えにもとづくものである。

⑩　オリエンテーション・ビデオの改善

陪審員として呼び出された人は最初に陪審待合室に行き、ここで、陪審制度の概要を知るオリエンテーション・ビデオを見て、制度の概要を把握する。

ニューヨークのオリエンテーション・ビデオは、各種モニタリングを経て改

善され、市民によりわかりやすいものとなっている。

⑪　教育・宣伝

陪審制に対する理解を深めるために学校教育に陪審制の授業を取り入れている。全ての高校に案内を出し、裁判所職員が高校に出向いて陪審制に関する説明をする機会をつくるほか、要請があれば小学校、大学などに出向いて講演をしている。また宣伝・啓発活動も活発で、広告、ウェブサイト、ケーブル・テレビでのCMなどで啓発・宣伝が行われている。[*7] さらに、裁判所には陪審ニュース・レター、陪審制に関するパンフレット、裁判所近隣のレストラン・マップなどが常備され、陪審制度や職員、裁判所の対応についての感想をきくアンケートも用意されている。

⑫　雇用主による給与保障

10人以上を雇用している会社に関しては、裁判所ではなく雇用主が陪審義務を果たす期間（特別に長期となる場合を除く）直接賃金を支払うことを義務付けられている。また、州の法律は、陪審義務を果たすために有給休暇を使用させてはならず、特別の休暇を与えなければならないと規定しており、全ての雇用主は、この法律を守らなければならない。

ニューヨーク州では、以上のような陪審制度の抜本的改革により、陪審義務軽減と公平化、市民に親しみやすい制度の工夫が目に見えるかたちで進み、市民の陪審制に対する受けとめ方は積極的なものに変化しているという。ニューヨーク州陪審制度コミッショナーのアンソニー・マニセロ氏に改革の取り組みを聞いた。

アンソニー・マニセロ氏に聞く

ニューヨーク州陪審改革の実情

──年間どのくらいの人々が陪審義務を経験するのでしょうか。

ニューヨーク州には1800万人以上の人がいて、毎年200万人を召喚しています。実際裁判所に来るのは年間68万人で陪審員になるのは9万人です。

呼び出しても来ない人には二種類いて、延期を申し出る人と、無視して来ない人がいます。

——ニューヨーク州が導入している陪審義務の延期制度を日本でも導入すべきだという声がありますが、スケジュール管理の実務が大変だ、という意見もあります。実際はどうですか。

　これはとても重要な問題です。ニューヨーク州では、陪審員への呼び出しは、期日の3週間前に呼び出しても、その日に都合のつく人間は約3〜4割です。リタイアでなければみな職業人なのだから、都合があってその期日にこれない、というのは自然なことです。私たちは、そういう人、忙しい人々や教養のある人々を陪審から排除したくないし、すべきではないと思います。職員の負担という点で言えば、コンピューター処理をしているから大変簡単です。マンハッタンでは毎日民事・刑事あわせて100件の裁判がありますが、東京で導入されるという対象事件は毎日何件くらいですか。私たちにとって簡単な制度が東京で難しいとは思いません。延期の申し出の理由を問わず延期を認め、日程は申請者の希望日にあわせてます。私たちは陪審候補者と敵対関係に立つべきでなく、フレンドリーであることが大切だと思っています。

——免除職種をはずしたことはよい影響を与えていますか。

　同じコミュニティに住む裁判官や医者も陪審義務をつとめているのを見れば、市民が「この制度は公平に誰をも呼び出すのだ」と認識することになります。公平な制度だという信頼を培うことになります。また、裁判官や弁護士にとって陪審員を経験することは大変よいことです。市民に対して丁寧になるし、いろいろ学びます。私も陪審員を経験しましたが、裁判所側で関わるのと実際経験するのとではまったく違い、仕事の参考になりました。

——召喚しても無視する人にはどう対処していますか。

　無視して来ない人については、電話をして是非来てもらうように説得、奨励し、延期などの希望も聞きます。フレンドリーに努めます。しかし3回、5回と呼び出しても来ない人については、裁判官が面接をし、罰金を科され、次回

の陪審裁判をつとめる日を指定します。それでも出頭しない人は法廷侮辱罪の制裁を受けます。

──市民の陪審プロジェクトとはどのような関係にあるのですか。日本では裁判所に市民団体のブースがあるというのは考えられませんが、誰が許可しているのですか。

　彼らは、常に陪審制度の運営を監視して、毎年報告書を提出し改善を提言しています。彼らの意見は陪審改革を進めるうえで大変貴重です。私たちは敵対関係でなく、ともに陪審改革を進めているよきライバルであり、協力関係にあります。陪審改革を積極的に進めているニューヨーク州主任裁判官のジュディス・ケイ氏が許可しているので、彼らの裁判所内での活動は保障されています。

3　マンハッタン裁判所──市民の参加を支える裁判所の取り組み

　マンハッタンの刑事・民事裁判所は毎年11月に陪審義務を務めた全ての市民を無料で招待した陪審員感謝デーを開催している。一年間に陪審員を経験した人々は表彰され、いわゆるセレブリティは、表彰の際に陪審経験についてスピーチをするのが恒例であり、セレブリティのスピーチを楽しみに、毎年多くの

スピーチする女優サラ・ジェシカ・パーカー氏（中央）

陪審経験者が式典に参加する。

　2004年11月18日に開催された感謝デーの式典には筆者も参加したが、ジュリアーニ前市長、著名コメディアン、歌手、女優、ニュースキャスターなどが次々と登場した。彼らは、「陪審員の経験は私たちの社会・コミュニティにとって大切な役割を果たしている」「この制度は私たちの民主主義を根底から支えている」「そのシステムに参加できたことをとても誇りに思う」などと体験談・感想を語った。

　有名女優のサラ・ジェシカ・パーカーも、年に２回の陪審義務（１回は実際の陪審員として、２回目はドラマの中で）を果たしたということで登場した。彼女は、「市民の人々と一緒に意見を交換する、という経験がとても新鮮で、私の幅を広げてくれた、その点で感謝したい。陪審の義務を果たすことは光栄なことだった」と語った。彼女の夫（俳優）も陪審員を務め、スピーチをした。陪審員に感謝して式典に招待する、そして陪審員をつとめたセレブリティがその経験をスピーチする、というのは市民の陪審制度に対する信頼・好感度を高めているようだ。裁判所の姿勢からは、市民を裁判所のパートナーとして大切にする精神が強く感じられた。多くのセレブリティが陪審義務を果たせるのは、「延期制度」など陪審員が参加しやすい仕組みが完備しているからこそだ。また、セレブリティたちは、どんな事件を担当し、普通の市民の意見に自分がどのように影響を受けたかを具体的に話していたが、守秘義務がなく、自由に経験談を語れるアメリカのシステムの優位性を痛感した。

　ところで、筆者は陪審員感謝デーの翌日、陪審義務を果たさなかった人々に対する裁判官の審問を傍聴した。裁判官が召喚に応じなかった市民一人ひとりと対話をし、「陪審はすべての市民が平等に分かち合う責務です。私にも陪審義務があるのだから」などと説得し、出頭を確保しようとしていた。陪審義務を果たした人々に感謝する一方、陪審義務に関心のない市民一人ひとりと裁判官が対話をして陪審に参加させようとするマンハッタンの裁判所の地道な努力には非常に感銘を受けた。

4　市民による陪審制度のモニタリング[*8]

　ブルー・リボン・パネルが提案した改革のひとつは、陪審制度が市民にとっ

第８章　進む陪審改革　131

て有効に機能しているかを監視する第三者機関の設置であった。すでに述べたように、1995年に、この第三者機関、「市民の陪審プロジェクト」が創設され、既に10年以上活動を続けている。同プロジェクト事務局長のキンバリー・マデン氏と同事務局員のケン・ジョーカー氏に実際の活動を聞いた。

キンバリー・マデン氏とケン・ジョーカー氏に聞く
市民の陪審プロジェクトの活動
——陪審制度の番人として

キンバリー・マデン氏とケン・ジョーカー氏

——市民の陪審プロジェクトの活動について教えてください。

　私たちの団体は、陪審制度が陪審員にとって有効に機能しているのか、ということを監視・検証・提言しています。

　私たちは裁判所の許可を得て、裁判所内部にブースをもっています。陪審員の待合室のすぐそばに私たちのブースがあり、このブースにインターンが待機して、陪審員の相談に乗っています。私たちは常時5〜7名のインターンを、大学院・大学生などから採用しています。将来法律家を目指すロースクール生などが多いのです。陪審員の苦情には、「結局何日間裁判所で待機しなければならないのか予測できない」などの情報不足や、陪審義務と日常生活の矛盾があります。また、椅子の座り心地が悪いとか、トイレ、待合室に関する苦情など、施設面のクレームは多いです。また裁判官や職員の態度に関する苦情もあります。特に陪審員選定の際にプライバシーに配慮しない質問が当事者や裁判官から出されるなど。こうした裁判官・弁護士の対応に関する苦情に関しては、インターンが法廷の廷吏に伝えています。廷吏を通じて裁判所の陪審コミッショナーが改善をはかるシステムです。

　私たちは陪審員の苦情や意見に基づいて、年に1回報告書を作成し、裁判所に提出しています。インターンと一緒にミーティングを行い、報告と提言の内

容を決めます。裁判所は提言に基づいて施設の改善を行っています。裁判所にプレッシャーを与えて改革を促すという点でこのプロジェクトは成功しています。

——陪審改革についてどう考えていますか。

10年前に比べて陪審制度は格段に前進したと思います。

まず、陪審義務が軽減されました。そして昔は深刻だった雇用主による不利益取り扱いの問題も最近は改善しました。というのは、2週間の欠勤と2日の欠勤では雇用主にとってのインパクトがまったく違い、現在は陪審義務がより雇用主からより受け入れられやすくなったからです。

施設も、10年前はひどい状況でしたが格段に改善され、裁判所の職員や裁判官による陪審員への対応も改善され、非常に丁寧になりました。延期制度も利用しやすくなりました。これも雇用主が陪審義務を理解するようになった理由のひとつです。つまり、繁忙期でない時期に2〜3日陪審義務をつとめる、ということであれば雇用主にとって大きな痛手にならないからです。

——陪審制の普及・教育についても活動していますか。

プロジェクトの一環として、毎年夏に模擬裁判を行っています。若者、子どもが陪審義務を理解し、司法制度に関心をもつようにすることを目的とする2カ月間のプロジェクトです。コミュニティーの子どもたちにインターンが司法制度・陪審制について教え、子どもたちと、市民の権利・義務についてディスカッションをします。それと並行して子どもたちが模擬裁判を準備します。模擬裁判は裁判所の協力を得て裁判所の建物で実施され、現役裁判官が裁判官役をつとめるなどしています。インターンはこのプロジェクトで子どもたちを教えることに大きな喜びを見出しています。

5 さらなる改革

ニューヨーク州はさらなる改革を続けている。

ニューヨーク州主任裁判官のジュディス・ケイ裁判官は、2003年4月、陪審員に対する待遇改善を目的にニューヨーク州に「陪審審議会」（The

Commission of the Jury）を設置し、陪審員に対する待遇の見直しを引き続き検討している。判事、検事、弁護士（民事・刑事）、裁判所職員、陪審員の27名からなる委員会は、各地でヒアリングを行い、改善点を明らかにしようとしている。[*9]

6　ABAの陪審改革

　ABA は2004年秋から2005年秋を「陪審の年」と位置づけて、陪審制度の発展のための取り組みを行った。陪審員に感謝し、民主主義と司法制度における陪審制の重要性を再確認するとともに、陪審制度のさらなる改善のための原則を決定したのである。ABAは弁護士のみならず多数の有力な裁判官が加入しており、以下の一連のプロジェクトは、裁判官と弁護士の共同によるものである。

1　アメリカ陪審原則

　2004年、ABAは、陪審制度の改革のため、アメリカ陪審プロジェクト（American Jury Project）を結成し、1年以上の審議を経て、新しい政策提言「アメリカ陪審原則」（American Jury Principle、2005年8月）を発表した。その内容は多岐にわたるが、市民にとってわかりやすい裁判とするための改革として以下の提言が注目される。

　①陪審員はノートを取れるようにすること。
　②陪審員は、審理にあたって、審理前の裁判官による冒頭説示と争いのない書証のコピーをまとめたファイルを1人一冊与えられるようにすること。
　③冒頭の説示の際に法律上の原則、構成要件などの説明を行うようにすること。
　④説示は口頭で説明されるだけでなく、書面でも渡されるようにすること。
　現在ABAは、これらの提言の実現に向けたロビー活動などを展開している。

2　市民への啓発・普及

　2004年、ABAは、裁判官が市民の中に入って陪審制度について対話するプ

ロジェクトを実施した。陪審制の重要性を再認識するための様々なイベントが全国各地で開催され、5月第1週を陪審感謝ウィークとすることを確認した。また、陪審制の市民社会に対する普及活動のために、「アメリカ陪審審議会」（American Jury Commission）が設立され、活動を開始している。[*10]

7 日本での課題──よりよい市民参加の実現のために

1 市民にわかりやすい裁判の実現への模索

　日本でも裁判員制度にむけて、市民にわかりやすい裁判の実現が模索されている。この点でアメリカの実務には学ぶべき点が多い。

　まず、直接主義、口頭主義を徹底し、調書をできる限り減らすことは極めて重要である。また、訴訟当事者には、パネルやパワーポイントなど、視覚に訴える方法の工夫と、わかりやすい言葉で争点を明確に提示することが求められる。そのために、法科大学院（ロースクール）、研修所、さらに継続教育のあり方を抜本的に変え、アメリカの口頭弁論技術などを取り入れることが必要となる。さらに以下の二点が重要だと筆者は考える。

　第一に、説示制度とその改革である。陪審制度における冒頭説示、最終説示が、市民にわかりやすく無罪推定、証拠の評価方法、構成要件について説明していること、そしてその内容を個々の裁判官の裁量的な説明方法に委ねずに統一し、かつ公開法廷で説示することにより説示の正確性・適切性・透明性を確保していることは極めて重要である。そして、ニューヨークなど各州では、「市民にわかりやすく」という視点からのたゆまざる説示改革が行われている。各州は、説示の内容をわかりやすいものにするために、市民へのフィードバックを繰り返しながら常に説示を見直し、改善を続けている。わが国においても、個々の裁判官の裁量に委ねた評議での説明ではなく、公開法廷での説示を導入し、アメリカの努力を見習うべきであろう。

　第二に、速記制度の確立・充実である。ロスアンゼルスでのOHPの使用に関連して説明したとおり、訴訟当事者がわかりやすく証拠調べの結果を市民にプレゼンテーションするためには、証人尋問の速記録を効果的に活用することが重要である。最終弁論において、裁判の焦点である証人尋問の結果を市民に

わかりやすく整理して伝えるのに一番威力を発揮し、説得力を持つのは、速記録の提示である。また、訴訟当事者の準備や、最終弁論での効果的なプレゼンテーションにとって、速記が速やかに完成することは不可欠である。この点で、速記制度の充実は極めて重要な課題である。

2 市民が積極的に参加できる制度のために

次に、裁判員が積極的に参加できる制度をどう実現するか、という点でアメリカの陪審改革は極めて参考になる。日本では裁判員制度に対して消極的な市民が多いとの世論調査結果が出ているが、そのような事態を変えるための具体的な努力は進んでいない。裁判員義務の延期制度、裁判員の除外規定の撤廃、第三者機関の設置、休暇制度などは、ニューヨーク州におけるこの10年余の改革で実現したものであるが、実は裁判員法制定前に日本の市民団体などによって提起されてきたものが多い。[11] 日本においても市民が参加しやすい制度とするため、同様の改革を是非とも実現すべきである。また、ABAやニューヨーク州の取組みに学んで、抽象的な広報ではなく、裁判員制度に関するきめの細かい啓発・普及活動、法教育などを実施していくことは極めて重要である。

―注―
* 1 United States v. DeHernandez, 745F. 2d 1305（10thCir. 1984）.
* 2 Commonwealth v. Jhonson, 2003 Pa Lexis（2003）.
* 3 "Juror Misconduct,Alabama Capital Postconviction Manual"（4thed. 2004）。少なくとも17件の陪審評決が判事と陪審の弁護人の立ち会いなき接触により評決無効となっている。Goffyv. Arkansas, 953S. W. 2d38（Ark1997）では、裁判官が陪審員の質問書に回答するために評議室に行き質問に回答した場合、仮に弁護側・検察側に対してそのことを告げていたとしても、陪審員との会話を録音・記録しておかなければ回復不可能な違法が認められると判断された。
* 4 http://www.nycourts.gov/cji/1-General/cjigc.html
* 5 マサチューセッツ州など。
* 6 http://www.nyjuryinnovations.org/
* 7 http://www.nyjuror.gov/
* 8 http://www.juryproject.org/
* 9 http://www.jurycommission.com/
*10 http://www.abanet.org/jury/commission.html
*11 「市民の裁判員制度つくろう会」2004年2月13日付意見書、http://www.saiban.org/old/index.htm

第9章
公判準備活動の保障

1　弁護側の十分な防御の保障という視点

　陪審制度のもとでは、弁護側の公判準備は非常に重要である。集中審理を充実したものとし、検察官申請証人に対する主尋問後に即座に反対尋問を行って信用性を弾劾し、かつ効果的な弁護側の反証を行うために、弁護側の充実した公判準備は極めて重要なものと位置づけられている。そのために、十分な準備期間と準備のための様々な手段が保障されている。

　裁判員制度の導入を控えた日本では現在、争点整理など、審理にあたってのいわば裁判所側の事前準備についての議論が盛んであるが、弁護側の十分な準備、防御の保障という視点での論議が深められていないように思われる。そこで、公判準備の手続、そして弁護側の公判準備のあり方に関して、アメリカの実務を見ていくこととする。

2　公判前の手続に関するアメリカの実務

　日本では、2004年の刑事訴訟法改正により、公判前に、争点及び証拠を整理するための「公判前整理手続」を開催して、あらかじめ争点を整理すること（刑訴法316条の2）、また整理手続終了後の証拠調べ請求はやむを得ない事由により請求できなかった場合を除きなしえないこと（同316条の32）、裁判所は公判前整理手続を「出来る限り早期にこれを終結させるように努めなければならない」こと（同316条の3）などの規定が導入された。

　このような事前の争点整理と証拠調べ制限は、集中審理において不可欠だ、と言われることが多く、また争点整理のために弁護側に公判前の詳細な事実の認否・争点明示を要求する見解も少なくない[*1]。しかしながら、現実に集中審理

が行われているアメリカの実務は、日本の議論とは著しく異なるものであった。

1　ニューヨーク州の実務

　ニューヨーク州においては、公判前に「争点」の整理や、争点整理を目的とする手続は行われていない。弁護人は原則として、争点を明らかにする義務を負わず、事前に立証予定を明らかにする必要もない。公判前に主張した争点の撤回と主張変更はいつでも可能であり、検察側立証後に立証予定を変更することも可能である。さらに、証人の尋問時間、尋問事項などについて事前に確定させるという実務は行われていない。

　ニューヨーク州において、弁護人が、事前の争点・証拠開示を義務付けられるのは、以下に紹介する事項に限られている。

(1)　積極反証（アファーマティブ・ディフェンス）の告知

　弁護人が不意打ち防止のために検察官に事前に争点明示しなければならない事項は、以下の積極反証の場合に限られている。

① 　アリバイに関する反証予定

　弁護側が積極反証としてアリバイ証人を申請したい場合、証言予定日の8日前までに証人の住所・氏名および職場・住所、犯行当時に被告人が存在した場所を明示した申請をすべきである。相当な理由があれば、裁判所はこの期限を延長できる（ニューヨーク州刑事訴訟法250-20）。

② 　責任能力に関する証拠

　弁護側が責任能力を争う場合、公判前、無罪答弁後30日以内に、責任能力を争う証拠を提出する意向がある旨告知する義務を負う。司法上の利益が認められ、相当な理由がある場合、裁判所は期限経過後も責任能力に関する証拠の提出を認めることができる（ニューヨーク州刑事訴訟法250-10）。

③ 　コンピューター犯罪

　弁護側がコンピューター不正使用犯罪で、正当使用を主張する場合、無罪答弁の45日以内、公判開始の20日以前にその意向を告知する義務を負う。相当な理由があれば、裁判所はこの期限を延長できる（ニューヨーク州刑事訴訟法250-30）。

以上のうち、アリバイに関しては、具体的な主張が求められているが、それ以外に関しては、「積極反証を行う意向がある」との告知で足りる。上記以外の主張・争点については、弁護側の事前告知は要求されていない。
　また、弁護側は、検察官主張に対する事前の認否については何ら要求されていない（陪審に移行することによって「争う」ことを示せばそれで足りる）。

(2) 弁護側の証拠開示義務

　弁護側は、公判に提出予定の科学証拠・鑑定、実験結果、公判に提出予定の責任能力に関する証拠および証人について開示義務を負う（ニューヨーク州刑事訴訟法240-30(a)）。
　これ以外に弁護側が証拠開示義務を負うのは、写真やビデオ・録音テープを証拠提出する場合（同法240-30(b)）、裁判所命令により被告人自らが指紋採取などの協力義務を負う場合（同法240-40-2）に限られている。

　ニューヨークにあるブルックリン・ロー・スクール教授で刑事訴訟を教えるウィリアム・ヘラースタイン氏に、公判準備のためにどのような実務が行われているかを聞いた。

ウィリアム・ヘラースタイン教授に聞く
公判準備で何をするのか

——ニューヨークでは、公判の円滑な運営のために、事前に争点整理手続をしていないのですか。
　そのような手続は行なわれないし、それでも特に公判に支障はありません。
　争点明示は立証責任を負う検察官の義務であって、それを弾劾する弁護側の義務ではありません。陪審員にわかりやすく争点を提示するのは、立証責任を負う検察官の仕事であり、それが失敗すれば敗訴するのです。
　だから、検察官は全ての争点を予想してこれに対応し、合理的な疑いを超える立証を尽くそうとするのです。検察側の立証責任を助けるために被告側が協力する必要は、刑事裁判の原則に照らしてありえません。

――陪審員は弁護側の争点が明示されなくても争点を把握できるのですか。

陪審員は事件の争点を検察官の冒頭陳述によって理解します。立証責任を負う検察官は事件を理解してもらうため、わかりやすい冒頭陳述に非常に留意します。

これに対して、弁護側は、自らのストーリーを語ることもありますが、訴訟戦術をトライアルの最初に決めていない場合もあるので「疑わしきは被告人の利益に」という原則に注意を喚起するにとどまる場合も少なくありません。検察側立証を弾劾できれば、自ら主張・立証する必要はないからです。

――弁護側は立証方針を公判段階で変更することもできるのですか。

そのようなことは日常的にあります。裁判官は、被告人の防御が憲法上の権利だということを認識していますので、弁護側の方針に介入したがりません。たいていの場合、少し審理期間がのびるようなことがあっても弁護側の立証については全て認めます。それによって審理に大きな支障がもたらされるようなことはありません。

2 連邦事件および各州のルール・実務

(1) 連邦規則

連邦事件では、以下の3つの事項に限って弁護側に争点ないし争点に関連した証拠の開示が義務付けられる（連邦規則12条）。以下に掲げられている、3つの事項を除き、弁護側は主張の事前告知義務を一切負わない。

① アリバイ弁護

弁護側がアリバイを主張する場合、検察側からの申請があれば、10日以内にアリバイに関する証人の氏名・住所、アリバイ主張に関する具体的事実を開示すべきである。検察側がこれに対する反証を用意している場合は、弁護側の開示から10日以内、かつ公判の10日前までに反証について開示しなければならない。

② 弁護側の責任能力に関する弁護・精神鑑定

責任能力を争う場合、そのことを事前に検察官に知らせる必要がある。責任能力に関する専門家による証拠または精神鑑定の結果を開示しなければならな

い。

③　法執行の抗弁

起訴されている行為が連邦公務員としての公的な法執行行為として行われたものだ、という主張をする場合、弁護側は事前に検察側に開示すべきである。

(2) **州の事件**

州の事件に関しては、各州が州の規則に争点明示の規定を置いている。アリバイ、精神能力以外に正当防衛などに関しても弁護側に主張を開示することを求める州もあるが、その場合も抽象的な主張つまり、「正当防衛を主張する」「酩酊を主張する」などと告知すれば足りるとされている。被告人は公判段階で事前に開示した主張にとらわれずに自己の主張をすることができるが、検察官にはそれは許されていない。

各州で争点明示が求められているのは、弁護側がアリバイ、違法性、責任能力などの、検察官立証弾劾以外の積極反証を予定している場合に限られる。検察官主張に対する認否は要求されていない（陪審に移行することによって「争う」ことを示せば足りる）。

(3) **証拠開示と争点明示**

日本では、争点関連証拠開示（刑訴法316条の20）の手続を中心として、証拠開示と争点整理を連動させる議論がある。つまり、証拠開示を要求するには、あらかじめ弁護側が詳細に争点を開示する必要があるという議論である。

この点、アメリカでも、検察側に広範な証拠開示を義務付けるのに対応して、弁護側にも双方的な争点明示を求める制度を採る州もある。しかしながら、そのような州で実施されている証拠開示の幅は全面証拠開示に近いほど広範であるのに対し、弁護側に対する争点明示は概括的で足りるとされており、日本で想定されているものとは異なる。

例えば、第3章でみた、ノース・カロライナ州は、全米で最も広範な証拠開示義務を検察官に義務付けているが、弁護側は詳細な争点明示を義務付けられているわけではない。

まず、同州では、検察官の主張に対する弁護側の認否は要求されていない（陪審に移行した以上概括的に争うことは明瞭であり、それで足りるとされる）。弁護側は、アリバイ、おとり捜査、責任能力に関する主張、正当防衛な

どの積極主張をする場合、その主張予定を明示する義務を負うが、その告知の範囲は最も抽象的なもの、例えば「正当防衛主張予定」程度で足りるとされている。

しかも同州では、弁護側は公判前に行った主張を自由に撤回できるとされているうえ、検察官は弁護側の従前の主張の撤回・主張の変遷という事実を、公判で陪審員の面前において言及することを禁止されている[*2]。

これは、アメリカの刑事裁判の理念を反映している。すなわち、検察官による証拠開示は、公判の迅速化ではなく公正な裁判の実現を目的とするものであり、他方、公判前の弁護側の争点明示には絶対的な拘束性はなく、あくまで弁護側の適正手続・防御の機会保障の価値が最優先とみなされているのである。

(4) 実務運用

① 争点明示

アメリカの実務上、弁護側による争点の明示は極めて概括的なものである。弁護側は、検察官の主張する事実に対する認否は求められていないが、事前の争点整理がされないために、手続が混乱したり、陪審員の争点把握に支障が生ずるという実態は発生していない。

検察官・弁護人は、冒頭陳述や立証を通じて、争点と主張をわかりやすく、明確に陪審員に提示するのであり、陪審員はこれらの公判活動により、十分争点を把握できる。

② 証拠調べ

弁護側は事前に告知していない証拠調べ請求をしばしば行う。弁護側が、検察側立証のなかで現れた問題点について新しい防御・証拠提出が必要となった結果、新しい証拠調べ請求をすることは少なくなく、これらは被告人の防御の観点から基本的に認められている。

3 連邦裁判所の憲法判断

公判前の弁護側の争点明示を要求する各州の規定の合憲性はしばしば連邦裁判所で争われてきた。連邦裁判所は、公正な裁判の要請に照らし、厳格な争点明示や証拠制限を必ずしも全て合憲とは判断していないことがわかる。

(1) アリバイ告知ルールの合憲性——ウィリアムズ事件最高裁判決[*3]

【事案】 フロリダ州刑事訴訟規則は、弁護側のアリバイ主張とアリバイ証人に関して、事前に開示することを求めていた。本件で被告人は公判前にアリバイ主張する意図を明らかにしていたが、誰がアリバイ証人かを明らかにしなかった。裁判所は命令で開示を要求し、被告人は証人名を開示。検察官はこの証人に対し反対尋問で弾劾し被告人は有罪となった。被告人はフロリダ州刑訴規則に基づく裁判所の決定が公正な裁判、デュー・プロセス、黙秘権を侵害するものだとして控訴、事件は最高裁で争われた。

【判決】 多数意見は、フロリダ州が非常に広範な検察手持ち証拠の開示制度を持っていること、アリバイ告知ルールはこのような検察官の開示義務に対応する相互主義的制度であることを理由に、アリバイ事前告知ルールの存在は、公正な裁判、デュー・プロセスに違反するとは認められない、とした。[*4]

【判断の留保】 同判決は、当時存在した他の15州のアリバイ告知ルールが全て憲法上有効とは判断するものではなく、これら15州のルールの合憲性は個々の法制の内容・文脈の個別検討を待たなければならず、その考慮要素のひとつは、検察側から弁護側がどの程度の証拠開示を得ているかである、とする。[*5]

さらに、同判決は、弁護側がこのアリバイ告知ルールに従わなかった場合の制裁の合憲性に関する判断を留保した。同判例は、立証予定証拠に関するルールに違反した被告人に対する制裁は修正6条に関わる合憲性の問題点を含むことを強調している。

【証拠開示規定とのバランス】 最高裁は、フロリダ州で広範な証拠開示が被告側に対して認められていることを理由に、アリバイ告知ルールの合憲性を認めた。当時のフロリダ州で検察官が事前証拠開示義務を負う証拠は、①被告人の有罪性を動揺させる可能性のあるあらゆる重要な情報、②大陪審の全尋問調書、③起訴事実に関連する情報を持つと思われる、検察官に判明している全ての人の住所、氏名、それらの人の全ての供述、④物証、書類（被告人所有と否とを問わない）⑤鑑定（専門家）報告書　などを含む。日本の新制度とは比較にならない、極めて広範な証拠開示義務であった。[*6]

【反対意見】 それでも、この最高裁の判断には、黙秘権法理、無罪推定法理、検察官の挙証責任を理由に強い反対意見があり、最高裁内においても強力

第9章　公判準備活動の保障　143

な反対意見が出された。すなわち、「合理的な疑いを容れない有罪立証をするのは検察官の責務である。弁護側は合理的な疑いを容れない立証が済む前に自己の防御計画を検察側に明らかにして検察側の立証を手助けする必要などなく、そのような助力を強要するシステムは許されない」という考えである。この考えは今もアメリカの司法界に根強く、そのため、各州の弁護側の争点明示ルールは限定されている。

(2) 制裁としての証拠調べ制限――テイラー事件最高裁判決

州によっては被告人が公判後に突然証人尋問請求した場合に公判での立証を制限する規定を置いている。しかし、こうした規定は憲法の適正手続の観点から直ちに合憲とは判断されていない。そのような立証制限が合憲とされているのは、司法を汚染する重大な背信行為が存在したとみなされる場合に限られている。この点が連邦最高裁で争われたのはイリノイ州のテイラー事件である。

【事案】 弁護側が事前に告知しなかった証人尋問の請求を行ったのに対し、イリノイ州の判事がこれを認めなかったことが憲法違反として争われた。

事実関係は、以下のとおりである。公判前、検察官が弁護側証人の氏名の開示を求めたのに対し、弁護人は2人の女性と2人の男性（A・B）の名前を挙げた。公判の初日に弁護人は証人A・Bを別の2名の証人に変更し、公判2日目にはさらに、別の2人（C・D）を証人申請した。裁判所への告知が遅れた理由を裁判所が質問したところ、弁護人は「新しく申請をした2人の証人（C・D）の存在を最近知った」と述べた。裁判官が翌日、陪審を外して新たに申請された2人（C・D）に対し、証人の適格性に関する尋問をしたところ、Cは「弁護人とは4カ月前に知り合った。弁護人は1週間前にも自宅に訪ねてきて会っている」と証言した。弁護人が裁判官に虚偽を申立てたことが発覚したのを受けて、裁判官は証人尋問を認めなかった。これを不服として被告が控訴し、最高裁で審理されるに至った。

【多数意見】 事前の申請のない証人尋問請求を認めない、という制裁は修正6条によって全て絶対的に禁止されているわけではない。この事案では、意図的な不法行為があり、最も厳しい制裁がふさわしい事案であり、偽証によって訴訟手続が汚染されることを防ぐ重要な利益があるため、憲法違反とはいえない、と判断した。

この事件は、連邦最高裁が初めて立証制限の合憲性について判断をしたものであるが、極端な弁護人の背信行為に対する制裁を行なったきわめて例外的な事案と考えられる。従って、事前の申請のない証拠尋問請求を一律に認めないという運用が合憲とされたものではない。

4　争点明示の強制は、デュー・プロセスに反する

　各州・連邦の制度、判例を概観して理解できるのは、①弁護側が争点明示をしなければならない範囲は、アリバイ告知など積極主張に限定されており、しかもその内容は概括的で足りるということ、②弁護側に上記の争点明示義務を課すことがデュー・プロセス・公正な裁判を受ける権利に反しないと言えるのは、証拠開示について極めて広範な義務を検察官に課している場合であること、③弁護側の争点明示がされないことを理由とする制裁としての証拠調べ却下は、極めて限定された場合しか許されないこと、である。
　アメリカでは、争点を明らかにするのは立証責任を負う検察官である、との観念が強く、立証責任を負わない弁護側に対して検察官立証終了前の争点明示を強制するのは、検察官の有罪立証に協力することを義務付けるに等しく、デュー・プロセス・公正な裁判を受ける権利に反する、という意識と伝統が極めて強い。迅速性や陪審員の便宜よりも、憲法上の被告人の防御の権利が重視されているということができる。
　アメリカと同様、検察官が立証責任を負い、被告人に公正な裁判を受ける権利、デュー・プロセスが憲法上保障されている日本においても、同様の運用がなされるべきである。
　すなわち、日本における弁護側の争点明示も、積極主張に関連する最小限の範囲に限られ、その明示の方法も概括的なもので足りると解釈すべきである。また、制裁としての証拠調べ制限は原則として許されず、弁護人の背信行為のある場合などに例外的に認められるに過ぎない、という運用にすべきである。

3　弁護側の公判準備活動とその手段

　日本では、「公判前整理手続」の導入に関する議論のもとで、弁護側の準備

の必要性の議論が必ずしも十分になされていない。しかし、集中審理により多大な負担を被ることになるのは防御をする側の弁護側である。検察側の証拠構造を把握し、これを弾劾・反証するには、十分な準備期間と準備体制が不可欠である。公判準備は、何よりも弁護側が証拠開示を受けて証拠を十分に検討し、弾劾と反証の準備を十分に行うことを保障する機会でなければならない。この観点でアメリカの公判準備の実務を見ていこう。

1 準備期間

アメリカの陪審制度において、弁護側は十分な時間を要求して準備に望んでおり、準備に1年以上かかることもしばしばである。公判に入った以上集中審理を余儀なくされるのであるから、公判準備段階に十分な時間を確保し、十分な準備を行なわない限り、適切な防御権行使はなしえないからである。

2 証拠開示

アメリカの陪審制度の下では証拠の事前開示を十分にさせることが公判準備にとって不可欠である。公判前の準備の鍵を握るのは、この証拠開示である。弁護側は納得できるまで、何度も証拠開示の申請を行い、裁判所の判断を求め続ける。

また、弁護側は証拠排除の申立て手続を徹底して行い、その審問手続の場で、証拠収集に関連する事実・情報・関係書類を全て開示させ、公判に備える。弁護側が押収手続の憲法違反を主張した場合、検察側は手続の正当性を示すために、押収した証拠の押収・保管の経過全てを資料を提示して主張することになり、こうした開示により、弁護側は証拠収集過程に関する全ての情報を収集する。

3 証拠開示以外の方法による関係者の供述の把握

(1) 事実調査

弁護側は被告人に有利となる積極立証を行うため、自ら証人を探し、事情調査を行なう。多くの公設弁護人事務所は、専門調査員を雇い、その費用も公的資金から拠出されている。公設弁護人事務所における専門調査員制度は、弁護

側の自主的な調査方法として極めて重要な役割を果している。

(2) サピーナ（subpoena）

弁護側の事情聴取に対し任意に応じない参考人に対して、サピーナ（罰則付き召喚令状）を発行して尋問をするという手段が存在する。サピーナは、裁判所によって、対象者等白地のまま、極めて簡易に発行されており、弁護人による証拠収集手段として活用されている。

4 検察官申請予定者に対する事前反対尋問

フロリダ州、イリノイ州という最も冤罪事件の多発した州では、近年、事前反対尋問として民事訴訟で多様されている「デポジション制度」（Deposition）を刑事事件にも導入した（**巻末資料5**）。これは公判前に、検察官の取調予定の証人に対し予め法廷外で弁護側が反対尋問を行って情報を聞き出す制度である。

イリノイ州は州最高裁の死刑事件特別委員会の議論を経て、2001年3月1日に、死刑求刑予定事件に限ってデポジション制度を導入した[*9]。

このデポジション制度は、死刑事件に関して、単なる証拠書類の開示だけでは、弁護側の防御活動を保障するのに十分とはいえないとの認識から、導入された。

集中審理の陪審裁判において、真に効果的な反対尋問や、弾劾・反証を行うには、事前に証人から生の証言を聞き、反対尋問を行ったうえで公判準備・調査活動を行うことが有効である。最高裁の特別委員会は、デポジション制度の導入は弁護側に証拠書類の開示では補いきれない情報を提供し、重要証人と対決する準備を保障することによって、真実発見を推進する意義があるとの認識を示している[*10]。最高裁の特別委員会は、留置所内の密告者、目撃証人、専門家証人などがとりわけデポジション制度を必要とする、との見解を示している。イリノイ州の死刑諮問委員会（ブルー・コミッション）もこの制度を支持して、現在、死刑事件のほか終身刑求刑予定事件も含め、デポジション制度をさらに精緻なシステムとする立法案が州議会で審議されている[*11]。

このデポジション制度導入は、現実に、事前準備にとって極めて有効であると評価されている。例えば、フロリダ州からニューヨーク州に移籍した公設弁

第9章　公判準備活動の保障　147

護人は、ニューヨーク州の刑事手続の最大の欠点としてデポジション制度の不存在を挙げている。

5　証拠開示と公判準備

公判前に十分な証拠開示がなされることは、公判準備活動を格段に前進させる。2004年に事前・全面証拠開示制度を導入したノース・カロライナ州の公判準備活動は大きく変わったという。

ノース・カロライナ州の死刑事件専門弁護士として活躍しているジョナサン・ブロウン氏に、実務の変化を尋ねた。

ジョナサン・ブロウン弁護士に聞く

弁護側の防御権がより尊重されるようになった

──2004年の事前・全面証拠開示法が実務に与えた影響はどのようなものですか。

現在、ほとんどの検察官は公判前に証拠を全面開示しています。これは本当に大きな違いです。以前は、証人の住所・氏名が全て黒塗りされていましたが、現在は全て開示されるようになりました。

最近のケースですが、検察官は1000頁以上にわたる証拠開示をしましたが、仔細に分析すると、当然あるべきものが欠けていることに気付いたのです。そこで公判前で警察官の証人尋問を申請したところ、裁判官はこれを許可し、警察官を呼んで2日間のヒアリングが開催されました。私たちが「当然こういう証拠があるべきではないか」と尋問した結果、警察官は「忘れていた」と言って、未開示証拠を開示しました。そのような実務も以前は考えられないことだったのですが、現在では可能になりました。

──2004年の新法施行後裁判官の態度に変化がありましたか。

裁判官はいままでよりも証拠開示命令に積極的になりました。2日のヒアリングをやった裁判官は、以前は全然そのようなことをするタイプではなかった

のです。以前の法律は要件が厳しかったので、限界がありました。その意味で、態度の変化は明らかです。

——証拠開示のプロセスを教えてください。

　私たちが通常行なっている証拠開示のプロセスは、まず、検察官が新法に基づいて全て開示する、それを受けて弁護側が、証拠を検討したうえでさらなる開示を求める、それが一定期間経過しても開示されない場合、証拠開示命令を求める申立てを起こす、という流れです。

　たとえば被告人に有利な証拠を求めるブレイディ・ルールに基づく申立てです。一般的に無罪証拠を出せ、と言っても「全て出しました」と言われ、裁判所も動きませんが、ポイントを的確に絞り込んで資料を要求していけば、「事件の真相解明につながるのだから、出したらどうか」と裁判官は言うことになります。問題はどれだけ絞りこんで特定の資料を出せと主張できるかです。

——弁護人は証拠や争点について開示義務を負うのですか。

　新法の規定は弁護側が事前に証拠開示義務を負うものとして、まず、①証拠物、②弁護側で実験や鑑定をした場合の報告書を挙げています（新法905(1)）。

　これは、もし公判で使用する場合は、事前に開示する義務がありますが、使わない場合（たとえば実験で思うような結果が出なかった場合）は開示の必要がありません。

　次に新法は、③積極抗弁に関する告知が弁護側に義務付けられています。

　積極抗弁とは、アリバイ、精神能力、おとり捜査、責任能力に関する主張、正当防衛に関する主張をする場合を言い、そのような主張を公判ですることを検察官に告知する義務があります。

　ただし、重要なのは、そのような主張を弁護側が公判前に告知した、しかし、後日その主張を撤回した、という場合でも、検察官はそのことを公判で援用できない、と明記されていることです。つまり、検察官は、弁解の変遷を被告人に不利益に援用することが許されないのです。

　この告知義務のうち、アリバイについては、アリバイ証人の人物情報の事前開示を裁判所が命じることができます。

第9章　公判準備活動の保障　149

責任能力の主張など、その他の積極抗弁については「主張の性質と弁護の方法」を告知することが要求されていますが、実務的にはきわめて概括的な主張で足ります。

──立証については事前に告知するのですか。
　まず、専門家証人を呼ぶ場合そのことを公判前に告知することが要求されています。弁護側申請予定証人のリストは、陪審員選定手続までに開示すべきであるとされ、それ以前に告知することは要求されていません。陪審員選定後、新たに証人の存在を知った場合や、必要と判断した場合も証拠調べ請求をすることができます（同905(2)(3)）。

4　日本での課題──危険な公判前整理手続の改革を

　以上のとおり、アメリカにおいて、弁護側は公判準備に十分な時間をかけ、様々な手段を駆使して事前準備を行い、公判に備えている。そして弁護側の事前準備・調査を保障する体制・システムが存在する。日本においては、公判前整理手続を「できる限り早期にこれを終結させるように努めなければならない」（刑訴法316条の3）という規定のもと、早期に公判準備を終わらせようとする傾向が見られるが、その結果、十分な準備や防御の保障がなされないまま、公判も集中審理で終了する、ということとなれば、適正な裁判の要請にそむく重大な結果となる危険性がある。
　日本において求められているのは、そのような防御権の後退ではない。①公判準備に十分な時間を保障すること、そして②上記に紹介したような弁護人の公判準備を充実させるための各制度を実現することであり、そのための議論こそが深められなければならない。

—注—
*1 詳細な争点明示を求める見解として、杉田宗久「公判前整理手続における『争点』の明確化について」(判例タイムズ1176号〔2005年〕4頁以下)。
*2 後記ノース・カロライナ州弁護士へのインタビュー参照。
*3 Williams v Florida, 399U. S. 78 (1970).
*4 同判決は、黙秘権侵害の主張に対しては、アリバイ告知ルールは申立人が公判で明らかにしようとしていた主張を前倒しに明らかにすることを要求しているだけであるから黙秘権侵害にあたらない、とした。
*5 Williams v Florida, 多数意見注11。
*6 渥美東洋「刑事訴訟法の新たな展開――日本の証拠開示を一例にして(上)、(下)」法曹時報29巻6号903～940頁29巻7号1073～1116頁(1977年)はウィリアムス事件と双方主義について詳細に論じており、極めて示唆に富んだ論稿である。
*7 ウィリアムス事件に対するブラック判事の反対意見 「権利章典を産んだ抑圧の歴史を経て、わが政府は、被告人に自己の有罪に助力することを強要することについてほど遠い立場を採って来た。にもかかわらず、当最高裁は今日、はじめて合衆国憲法と被疑者・被告人に提供してきた伝統的な保護方策から、きわめて危険な逸脱となりうるところまで来てしまった」。
*8 Taylor v. Illinois, 484U. S. 400 (1988).
*9 Illinois Supreme Court Rules 416 (e).
*10 委員会の評釈は以下のとおり。The committee found that discovery depositions may enhance the truth-seeking process of capital trials by providing counsel with an additional method to discover relevant information and prepare to confront key witness testimony.
*11 HB 1373.

第10章
周知徹底される無罪推定の原則

1　無罪推定原則の徹底

　刑事裁判に初めて参加する市民に「一人の無辜をも処罰してはならない」という理念と無罪推定原則を丁寧に説明し、理解を得ることは極めて重要である。冤罪事件の比較的少ないニューヨーク州、カリフォルニア州などでは、無罪推定の原則が常に陪審法廷で徹底されている。他方、イリノイ州の冤罪被害者ガウガー氏は、裁判官が同氏が有罪であるかのような印象を与える訴訟指揮をしていたことが陪審の判断に影響を与えたと述べている[*1]。証拠開示や自白過程の透明化、弁護体制などの問題と並んで、裁判官が事実認定に関わる法の原則をきちんと説明するか、無罪推定原則に従った法廷の運営が行われているかは冤罪を防ぐために極めて重要な問題である。

2　陪審選定手続での無罪推定の強調

　筆者が傍聴したニューヨーク、ロスアンゼルス、サンフランシスコ、サンタクルーズ、シアトルにおける陪審員選定手続の模様を紹介しよう。
　まず、陪審員選定の段階から、無罪推定原則は繰り返し強調されている。無罪推定原則は、裁判官、そして弁護人によって何度も説明され、この原則になじめない者、疑問を呈する者は、陪審員選定段階で厳しくスクリーニングされ、陪審員から排除される。陪審員選定手続は、陪審候補者に対する様々な質問のなかで、候補者のバイアス、偏見をチェックし、公正な裁判を行なえないと認められる候補者を陪審員から排除する手続であるが、「無罪推定原則に従えない。その考えになじめない」という候補者は、最初に陪審から排除される対象となる。また、弁護人にとっては、この選定手続は公判立証と並んで極め

て重要であり、無罪推定原則を正しく理解した陪審員を選ぶことは公判を勝利に導く不可欠の前提条件と考えられている。

1　裁判官による質問

　例えば、ニューヨーク市刑事裁判所で長年刑事裁判を主宰するルース・ピックホルズ裁判官は、陪審員選定手続で以下のような質問をしている。

　「いま被告人はここに座っていますが、証拠が提出されて有罪が立証されるまで、被告人は無罪と推定されます」。「いまは、何の証拠も提出されていないのだから、あなたはこの被告人を無実と考えなければなりません。仮に現時点で、判断を求められたら、あなたは被告人を無罪と判断しなければなりません、この考えに従えますか」。

　「被告人は自ら無罪を証明する必要はありません。被告人は身の潔白を証明しなくとも、この法廷で一言も発言しなくても、何の立証を行なわなくても、検察官の主張が合理的な疑いなく有罪を証明できなければ、無罪です。そのような場合、あなたは被告人を無罪と判断しなければなりません。この考えに従えますか」。

　「証人は偽証罪の宣誓をしているからと言ってすべて真実を述べるわけではありません。記憶違いや誤り、嘘をつくこともあります。そのような観点から証人の証言を吟味することができますか」。

　「今回の裁判では警察官が証人として出頭します。警察官の証言は、ほかの証人の証言と比べて信用性が高いということはできません。警察官の証言だからと言って、最初から信用して話を聞くことはできません。その考えに従えますか」。

　「今回は子どもに対する暴行事件で、子どもが証言台に立ちます。子どもの証言であるから、絶対に正しいという考えを持つ人はいますか。子どもも嘘をつく、必ずしも真実を語らないということを理解できますか」。

　これに従わないと答える者は陪審員から排除され、残った者は、無罪推定原則、証拠の評価方法を正しく理解することになる。

2　弁護人による質問

　ニューヨーク州、カリフォルニア州、ワシントン州などでは、裁判官に加えて、弁護人が多大な時間をかけて、選定手続の際に「無罪推定」「合理的な疑い」について陪審候補者に質問する。弁護人は候補者全員に対して「陪審員は法の原則に従う義務があります。無罪推定の原則に従わなければなりません。その責務を全うできますか」と聞く。このような質問をするのは弁護人の重要な権利として尊重されている。

　例えば、弁護人は以下のような質問を発する。

　「全ての証拠によれば、彼女は多分有罪だろう、とあなたは判断した。しかし、合理的な疑いを超えていない。あなたは無罪評決をしなければなりません。この考えになじめない人はいますか」。

　「弁護側には立証する義務はありません。被告人には証言する義務がありません。さて、検察官は立証を行いました。弁護側は何も立証をしませんでした。それでも検察官の立証が合理的疑いを超えなければ弁護側がたとえ何もしなくても、陪審員は無罪評決をしなければなりません。あなたはこの原則に従えますか」。

　弁護人が陪審員選定の際に、無罪推定の原則、「疑わしきは被告人の利益に」の原則に関する理解を徹底して確認することは当然のこととして尊重されている。この原則は刑事裁判の鉄則であり、これを理解している者を陪審員として選定し、理解していない者を陪審からはずす、というのは、被告人の防御にとって極めて重要だからだ。

　ここで強調したいのは、弁護人が選定手続で質問を行うことの意義である。裁判官の質問段階では不適切性が顕在化しなかった陪審候補者も、弁護側の質問でバイアスがあるなど不適切であることが判明し、排除されることが少なくない。また仮に裁判官が無罪推定原則について十分な質問を行わないような場合、刑事裁判の鉄則について陪審員の理解を確認するのは、弁護側の防御にとって、極めて重要となる。無罪推定原則を徹底するために、そして公正な陪審員を選定するために、裁判官のみならず、弁護側・検察側に選定過程での質問権を認めることはきわめて重要である。

3　陪審員に対する説示

　前章で述べたとおり、アメリカの陪審制では、裁判官は法律構成要件や違法性判断、事実認定の方法と立証責任について、審理の冒頭、そして最後に、公開法廷で陪審員に説明（説示）を行う。

　この説示において、もっとも重要とされるのは、「無罪推定」「合理的な疑い」を正しく理解させることである。多くの州で、「疑わしきは被告人の利益に」の原則は説示のなかでもっとも重視され、絶対に従わなければならない、と繰り返し陪審員に説明される。

　ニューヨーク州では弁護士・裁判官・助言者の構成する説示検討委員会が何度も議論と実験を繰り返し、説示の改良・検討を重ねているが、現在は無罪推定、「合理的な疑いを超える証明」について以下のように説示されている。

（ニューヨーク州の陪審員に対する説示）

無罪推定・証明責任・合理的な疑いを超える証明[*2]

　私たちはいま、刑事裁判のすべてに適用される根本原則、「無罪推定」、「証明責任」、「合理的な疑いを超える証明」について考えなければなりません。

　刑事手続を通じて、刑事被告人は無罪と推定されます。その結果、あなたたちは、この法廷に提出された証拠に基づいて、検察官が被告人の有罪について合理的な疑いを超える立証をしたとの結論を出さない限り、被告人を無罪と評決しなければなりません。

　検察官が被告人の有罪について合理的な疑いを超える証明責任を果たしたかどうか決めるために、あなたは、検察官と被告人から提出された全ての証拠を考慮にいれることができます。

　しかし、よく覚えておいていただきたいのは、被告人が証拠を提出した場合でも、証明責任は検察官にあることです。被告人は、彼や彼女が無実であることを証明する必要はありません。その反対に、検察官は、合理的な疑いを抱く

余地がない程度まで被告人の有罪を証明する責任があるのです。検察官が被告人が犯人であること、そして犯罪の全ての要素一つひとつについてそれぞれ合理的な疑いを抱く余地がない程度まで検察官が証明しない限り、あなたは被告人を有罪とすることができないのです。

　この立証責任が、検察官から被告人に転換することは絶対にありません。もし検察官が証明に失敗したなら、あなたは被告人を無罪と判断しなければなりません。もし検察官が証明責任を果たした場合、あなたは被告人を有罪と判断しなければなりません。

　では、法律が要求する「合理的な疑いを超える証明」とは何でしょうか。「合理的な疑いを超える証明」という言葉は、有罪評決を可能にするだけの有罪性の証拠の強固さを示しています。

　法は、この世界における人間に関する問題で、絶対的に確かなことはきわめて少ないと認識しています。そこで法は、有罪に対するどんな疑いをもさしはさむ余地がないほどまでの立証は認めていません。他方、被告人がたぶん有罪だろうという証明では不十分です。刑事事件では、立証責任は可能性が高いという立証より強いものでなければなりません。それは有罪に対する合理的な疑いをさしはさむ余地がない証明でなければなりません。

　「合理的な疑い」とは、証拠の性質と信用性に基づいて理由のある真摯な疑問を意味します。これは想像上ではなく現実の疑いです。提出された証拠や、説得力ある証拠の欠如を理由に、人間が呈する常識的な疑問です。

　「合理的な疑いを超えた証明」は、犯罪の全ての構成要素、そしてそれを犯したのが被告人であることについてあなたがなんら合理的な疑いを持たず、確固として被告人の有罪を確信するまでの証明を意味します。

　検察官が被告人の有罪を、合理的疑いのない程度まで証明したかどうかの判断は、証拠の完全かつ公平な評価のみにもとづいて行われなければなりません。

　証拠を注意深く評価した後、あなたたちの一人ひとりが、証拠が合理的な疑問の余地のない程度まで、被告人の有罪性をあなたに確信させたかどうかを判断しなければなりません。

あなたの評決は、根拠のない憶測に基づくことがあってはなりません。また、バイアスや偏見、同情、そして早く評議を終わりにしたいという願望や、望まない義務を避けたいという願望に評決が影響されることは、あってはなりません。

もしあなたが、被告人が起訴された犯罪について被告人の有罪が合理的な疑いをさしはさむ余地がない程度に確かだと思わない場合は被告人を無罪と判断しなければなりません。あなたが合理的な疑いをさしはさむ余地がないほどに被告人を有罪だと思う場合、あなたは被告人を有罪と判断しなければなりません。

（日本語訳／伊藤和子）

ニューヨーク州のピックホルズ判事（マンハッタンのニューヨーク市裁判所）は、陪審員選定、そして説示の際に常に公正で法の原則に従った運営に心を砕いている。同裁判官は、陪審の判定に問題を感じることはほとんどないと言う。同判事に聞く。

ピックホルズ判事に聞く

無罪推定原則の徹底は法の根幹に関わること

私は陪審制度が、司法を通じて正義を実現するための素晴らしい、正しい制度だと信じています。そして私の法廷では、正義を実現するために、正しい訴訟運営、選定手続、訴訟運営を行ないます。そのなかで無罪推定原則を徹底することは法の根幹に関わる非常に重要なことです。私は刑事裁判に対する自分の信念、法の原則を誠実に法廷で語り、陪審員に判断を託します。陪審員は、いつも私の期待にこたえる素晴らしい仕事をして、司法と正義を実現するために貢献してくれています。私は陪審裁判の公正な運営に全てを駆け、尽くしています。なぜなら、私自身がこの制度を信じているからです。陪審制と刑事裁判の理念、適正な手続で選定された公平な市民の平等な議論に基づく判断と、無罪推定などの刑事裁判の原則の尊重をきちんと実現することによって、法的

正義が実現することを信じているからです。

4　日本での課題――無罪推定原則を踏まえた公判の必要性

　わが国では、無罪推定の原則は理論・原則として存在するが、法廷では語られることがほとんどない。ところが、アメリカを見ると、法の原則である「無罪推定」が、説示や陪審員への質問というかたちで、陪審法廷で毎日、絶対に守るべき重要な原則として語られ、陪審員によって真摯に受けとめられている。無罪推定原則が形骸化していると言われて久しい日本からみたとき、その様子は感動的である。冤罪を防ぐ最後のセーフ・ガードは、この無罪推定の原則の徹底であるべきであり、この原則が陪審法廷で徹底されている州において冤罪が少ないのは、決して偶然ではない。

　目撃証言、自白、証拠開示、科学証拠などの「証拠」に関連する抜本的な改革とあわせて、「疑わしきは被告人の利益に」の原則が刑事裁判の中心に位置づけられることは極めて重要である。

　裁判員制度のもとでは、陪審制と同様に、説示・選定手続を通して、市民と裁判官の共通認識として「無罪推定」原則が確認され、理解されることが必要である。密室の評議では、個々の裁判官が「無罪推定」についていかなる説明をしたのか、それを裁判員が理解したのか、は永遠の謎となる。法の原則に従った判断を常に前進させるために、以下のことを提案する。

①裁判員選定手続において裁判官は無罪推定原則に従えるか否かについて裁判員に質問し、従えない市民は選定しないこと。弁護人・検察官にも質問の機会を保障すること。

②無罪推定を含む説示を審議の前と評議の前に公開法廷で当事者立会いのもとに行なうこと。

③無罪推定を含む説示の内容については、裁判官・弁護士その他専門家らによって構成される委員会が統一したものを作成し、常に市民にわかりやすくかつ適切なものとなるよう、改善を重ねること。

④説示の内容は、記録に残し、その不当・違法を理由とする上訴を認めること。

「無罪推定」「合理的疑いを超える証明」というアメリカと同じ法原則を持つ日本において、同様のシステムを導入するための支障はなんら存在しないはずである。

―注―
*1　第1章参照。
*2　『ニューヨーク州裁判所説示集』(Criminal Jury Instructions, General Charges)
　　 http://www.nycourts.gov/cjI/1-General/cjigc.html

第II章
誤判を生まない裁判員制度へ

1 適正な事実認定の条件

　第3章で紹介した、元死刑囚のアラン・ゲル氏は、検察官の証拠隠しによって最初の陪審に有罪とされ、2度目の陪審によって無罪にされた。2度の陪審評決を経験した彼は、陪審員について次のように語っている。

　「私を有罪にした陪審員を責める気にはならない。なぜなら、彼らも私や弁護人と同様、すべての証拠にアクセスできなかったからだ。彼らの何人かは私の有罪に票を投じるにあたって本当に悩み葛藤していた。そのことを申し訳ないように思う。彼らも司法制度の犠牲になったのだ。2度目の陪審員は本当に素晴らしい仕事をしてくれた。しかし1度目の陪審員もすべての情報が与えられていたら、素晴らしい仕事をしたはずだ」。

　アメリカの誤判を分析すると、陪審員に適切な情報が与えられず、真実から遠ざけられるなかで、誤った評決に至るというケースが多い。[*1] 誤判の原因は、判断をする者にあるのではなく、必要かつ適切な情報を陪審に与えなかった刑事手続そのものにある。捜査機関による重要な証拠の不開示、密室で行われた取調べによる自白の信用性の判断、そして不十分な弁護活動、誤った科学証拠など、「陪審は目隠しをさせられたまま判断をさせられてきた」と評されている。事実認定に必要な全ての情報に接し、適切な公判活動が行われることなくして、陪審員が適正な判断を行うことはできない。

　日本で導入される裁判員制度においても、適正な事実認定が行なわれるためにどのような条件が必要かが真剣に議論されなければならない。

　本書のまとめとして、冤罪を生まない裁判員制度を実現するために、何をすべきかを考え、提言したい。

2　裁判員制度への提案

1　取調べ過程の改革

　日本の主要な誤判原因の一つは、密室で作成された自白をめぐる問題である。アメリカのように、ミランダ原則が確立し、取調べ期間が2日前後と限定されている制度下においても、自白によって幾多の冤罪が生まれている。日本のように取調べ受任義務が課され、取調べ時間の制限がない状況では、問題はさらに深刻である。ところが、今回の刑事訴訟法改正では、自白調書の証拠能力に関する規定（刑訴法322条）は全く改訂されていない。そこで、以下の改革は急務である。

(1)　取調べ過程を可視化すべきである

　虚偽自白による誤判を防ぎ、適正な事実認定を確保するため、取調べの全過程の可視化を実現すべきである。密室での取調べで何があったかを正確に事実認定することは、職業裁判官にとっても、裁判員にとっても困難である[*2]。取調べの可視化により、取調べ過程が客観的に再現されれば、任意性・信用性の適切な判断が可能となる。

　また、可視化によって、違法・不当な取調べを抑制し、取調べの適正化を実現することが期待される。10年来取調べ全過程の可視化を実現しているミネソタ州では、可視化は捜査にとっても弊害ではなく利益をもたらしている、と評価されており、導入の障害はないはずである。

(2)　可視化は取調べの全過程でなければならない

　2006年5月、最高検察庁は、検事取調べの一部をビデオで録画・録音する方針を固め、同年7月から東京地方検察庁で試行することを決定した[*3]。これを一歩前進とする評価もあるが、これは検事取調べの一部に過ぎず、警察官取調べをまったく含まないものあり、問題をはらんでいる。

　第1章、第2章で指摘したとおり、ニューヨーク州・イリノイ州の都市部では、被疑者の自白部分のみが録音・録画され、それが陪審公判で信用性判断のための証拠となる、という実務が続いてきた。しかし、両州で、被告人がビデオの前で自白し、これを有力な証拠として有罪評決が出された事件が、実はまったくの冤罪であったことが相次いで発覚した。

このように、自白部分のみの録音・録画では、録音・録画されない場面での捜査官の不適切な言動などが完全に隠され、被告人が自白をしている場面だけが映像・音声というインパクトの強い伝達手段で陪審に伝えられるため、自白に対する過信を生みやすいという。部分的な可視化はむしろ「録音・録画された自白」に過度に依存した冤罪を生み出す危険性がある。イリノイ州はこうした経緯を踏まえて取調べ全過程の可視化を実現し、ニューヨークも現在全過程の可視化を検討中である。

　こうした経験を踏まえれば、日本においても取調べの一部のみの可視化では不十分かつ危険であり、取調べ全過程が可視化されるべきである。

　諸権利の告知などの取調べの端緒から、取調べの終了までの全過程を必ず録音・録画するべきである。また、弁護側が留置人出入簿との整合性を確認できるように、撮影時刻は正確に記録されるべきである。

(3)　可視化の具体的制度

① 　重大事件の録画

　少なくとも、重大事件に関しては、適正な判断のために、録音だけでなく録画をすべきである。

② 　被疑者が供述を拒絶した場合

　アメリカの経験では、被疑者が録音・録画を理由に話しをしたがらないという傾向は稀だという。しかし、仮にそのようなことがある場合は、ミネソタ州で行われているように、「録音・録画するのであれば、供述したくない。止めれば供述に応ずる」旨の被疑者の申し出が録音・録画されていれば、その後の取調べが録音・録画されていなくとも、供述書の証拠能力が認められるものとすることができるだろう。

③ 　速やかな開示

　警察官・検察官は、録音・録画テープにいかなる編集をも加えることなく保管し、弁護側が任意性・信用性吟味・立証準備をなしうるよう、起訴後直ちに弁護側に全てのテープのコピーを開示しなければならない（刑訴法316条の15第7号参照）。

(4)　求められる裁判所のイニシアティブ

　取調べの可視化の導入を歓迎しない捜査機関はアメリカでも少なくない。ミ

ネソタ、アラスカなどの州では、裁判所がイニシアティブを取り、被告人が取調べ過程の違法を争った事案において取調べ経過の録音ないし録画が存在しない場合は証拠能力を認めない、という判断を下し、実務を変えた。日本の制度改革にあたっても、同様のイニシアティブが裁判所に求められる。

裁判員制度の導入により、自白調書の存在・自白ビデオの存在そのものが裁判員に大きなインパクトを与え、誤った判断に至る危険性は考慮されなければならず、自白の証拠能力の有無を決する自白の任意性判断はこれまでより一層慎重であるべきである。[*4]

刑事訴訟法319条及び322条は、任意性に疑いがないことの立証責任を検察官に負わせ、刑事訴訟規則198条の4は、取調べ状況に関しては検察官に「迅速かつ的確な立証」を要求している。被疑者取調べ全過程の録音・録画が可能な状況であったのに、検察が全過程の録音ないし録画記録を公判に提出しない場合、任意性がないと推定し、この推定力を破る客観証拠の提出がない限り、証拠能力を認めない、というルールを確立すべきである。

(5) 取調べ時間に制限を設け、取調べ受任義務を撤廃すべきである

筆者がアメリカにおいて、様々な実務家・研究者と話していて認識を新たにしたのは、起訴前における日本の被疑者の立場である。被疑者が最大23日間も勾留され、その間終始一貫して取調べ受任義務を課され、取調べ時間の制限がないという日本の実務は「心理的な拷問である」と何度も指摘された。

アメリカで被疑者を取調べできるのは、通常、最初の審問までの2日間以内である。アメリカで問題となっている冤罪被害者たちは、その2日間の間に取調べで精神的に追い詰められ、自白を強要された人々なのである。熟練した捜査機関の手にかかれば、1日、2日でも無実の人間を自白に至らせることは十分に可能なのだ。

翻れば、日本では、ひとたび犯罪の嫌疑をかけられ逮捕された者は、アメリカの被疑者の10倍以上にも相当する23日間身体拘束され、取調べ受任義務を課され、取調べの責め苦に置かれる。これは重大な人権侵害であり、構造的な冤罪の原因となっている。日本の実務は世界的にみて異常であることを共通認識にすべきである。

取調べ受任義務は撤廃されるべきであり、かつ少なくとも一日7時間を超え

る取調べは違法とするなど時間制限のルールを確立すべきである。

2 証拠開示

　第3章でみてきたとおり、日本だけでなくアメリカでも、捜査機関による証拠隠しは重大な冤罪の原因となっている。

　捜査機関は、事件発生直後から、国費を使い、強制力を行使して事件に関する証拠と情報を全て収集し、コントロール下に置く。これに対し、無実の被告人は、調査能力・資力の点でも、強制権限が発動できない点でも検察側に著しく劣っている。被告側が自己に有利な証拠や、検察側証拠を弾劾する情報・証拠から遠ざけられれば、無罪を訴える手段を奪われ、冤罪が生ずる危険性は高い。被告側に公正な手続を保障し、真実を明らかにするためには、検察官手持ち証拠の徹底した証拠開示が不可欠である。

　特に、新しく導入される裁判員制度では、短期間の審理で充実した弁護活動を行うために、弁護人の事前の準備は極めて重要になり、その鍵を握るのは証拠開示である。十分な証拠開示がされないまま集中審理が進めば、弾劾や反証の手がかりを掴むことができず、徹底した事実究明ができないまま、審理が終結する危険性が予測される。徹底した審理・公正な判断を実現するために、証拠開示の必要性は極めて高い。

　そもそも捜査機関手持ちの情報・資料は、公正な裁判を実現するために収集される公共的性格を持つものであり、検察官の判断でこれを死蔵できるべきものではなく、公正な判断と被告人の防御に資するべきである。

　2004年、刑事訴訟法316条の14以下で、証拠開示規定が新設され、その適切な運用が極めて重要な前提となるが、これら新しい証拠開示規定は十分とは言いがたい。運用とさらなる法改正を通じて、証拠開示を拡充すべきである。

(1) 被告人に有利な証拠の開示義務

　まず、重要なのは、被告人に有利な証拠を開示することである。

　米国連邦最高裁のブレイディ判決は、憲法の適正手続条項により、検察官には公判に先立ち、被告人に有利な証拠を開示する義務がある、と明確に判断した。適正手続と真実発見（刑訴法1条）を旨とする日本の刑事手続においても同様のルールを確立できない理由はない。日本においても、被告人に有利な証

拠全ての開示義務を検察官に課すべきである。そして、不遵守の場合、訴訟手続の重大な法令違反として有罪判決の破棄を認めるべきである（刑訴法379条、397条、411条）。

　この場合、被告人に有利な証拠とは、事実認定・量刑判断において被告人に有利な要素のあるもの全てを含み、事実認定に関しては、無罪を直接示す証拠のほか、有罪方向の証拠の信用性・証明力・証拠能力を弾劾・減殺する可能性のある全ての証拠を含むと解するべきである。

(2) **全証拠ないしそのリストへのアクセス**

　刑事訴訟法316条の27第2項は、証拠開示命令の決定に必要あると認める場合には、裁判所の指定する範囲に属するものの標目を記載した一覧表の提示を命じることができると規定している。しかし標目（リスト）が作成されるのは、裁判所が指定したものだけであり、また、弁護側はこの閲覧・謄写をすることが許されていない。

① 全証拠のリスト作成義務

　イギリスでは警察官が捜査機関手持ちの全証拠のリストを作成して検察官に交付する義務を負うのに対し、このような義務が課されていないアメリカでは、警察の証拠隠しによる冤罪が多発した。[*5]日本も同様である。[*6]イリノイ州では、警察の証拠隠しを防ぐため、事件に関する記録一式全てを警察が検察に送付することを義務付ける立法を実現した。日本においても、刑事訴訟法316条の27第2項の規定を一歩先に進め、警察には、事件に関連する全ての証拠の一覧表の作成を義務付けるべきである。

② 被告側のアクセス

　無実の者ほど、検察官手持ち証拠にどんな手がかりがあるのかを推測するのは困難である。類型的に開示された証拠の検討のみによって、被告側が真に必要な情報を検察側から得るのは困難であり、裁判所への提示命令を介しての間接的な運用では限界がある。[*7]日本と同様の類型証拠開示制度を採るアメリカでも、思いがけない無罪証拠が再審段階で発見される、ということが後をたたない。被告側が検察官手持ち証拠から必要な情報を得るためには、すくなくとも、全ての捜査機関手持ち証拠の完全なリストが開示され、これを被告側が綿密に検討する機会が与えられるべきである。将来的には、ヨーロッパで定着

し、ノース・カロライナ州が近年導入した事前・全面証拠開示制度が導入されるべきである。

(3) 証拠開示に関する裁定手続

米国では、証拠開示に関する申立手続の際に、証拠収集・管理に関わった警察官等に対する事実取調べが認められている。そして、この事実取調べの場において弁護側が証拠の齟齬、不自然性などを追及し、隠されていた被告人に有利な証拠が開示されることがある（第9章参照）。刑事訴訟法43条3項（「決定または命令をするについて必要がある場合には、事実の取調べをすることができる」）に基づき、弁護側の請求に応じて、証拠開示に伴なう警察官証人尋問などを認めるべきである。

(4) 控訴審段階における全面開示

ノース・カロライナ州においては、有罪判決が確定した後に、有罪確定後の被告人に対して、捜査側手持ち全証拠・資料が開示されることとなった。この制度の運用は、検察側がそれまで、被告人に有利な証拠を隠したまま有罪判決に至っていたことを明らかにし、第一審公判前の事前・全面証拠開示制度の実現につながった。日本では、同様のシステムがないため、被告人に有利な証拠が隠された事件について救済を行うことができず、証拠隠しについて事後的に検証する手段がない。

適正な証拠開示を担保するために、日本においても有罪判決後の証拠の全面開示を行う制度を導入すべきである。日本において再審事件の活用が少ないことに鑑みれば、全面開示の時期は、有罪確定後ではなく、第一審有罪判決後とすべきである。これは一審段階における不当な証拠隠しを抑制する結果をもたらす一方、有罪立証の主要な証拠調べを終えた後であるから、証人威迫、証拠隠滅などの虞も低く、導入の障害はないはずである。

3 公判準備

(1) 公判準備活動の保障

裁判員制度下での集中審理に対し、被告人の防御を十全に尽くすために、弁護側の準備が十分になしうる体制が保障されるべきである。これまで日本の刑事裁判では反対尋問等を通じて、開示された調書では知りえない事実が明らか

になり、そうした事実をもとに公判期日間の調査を行なってさらなる事実が判明し、それを契機に「合理的疑い」が顕在化することが少なくなかった。有罪認定に対する合理的疑いを顕在化するためには、審理を尽くし、証拠上の疑問点をすべて洗い出すことが重要である。[*8]ところが、連日的開廷である裁判員制度においては、前述したような期日間の調査など、公判廷で明らかになった事実と疑問点を徹底的に検証することが困難となる。そこで、集中審理のもとで徹底した審理を尽くすには、全てを想定して事前に相当な準備をし、証拠上の疑問点を全て公判で顕在化させる、という困難な課題が弁護側に課されることになる。そのために、十分な証拠開示と併せてすくなくとも、以下の点が重要となる。

① 準備期間の保障

徹底した審理を尽くすためには、事前の徹底した準備が重要となり、十分な準備期間が保障されなければならない。アメリカでは、重大事件の公判準備には１年ほどでも時間をかけることもあり、準備活動には制限が課されていない。日本においてもこのようなアメリカの制度が参考にされるべきである。裁判所は、[*9]被告側の準備期間を制限すべきではない。

② 弁護側の調査体制

アメリカでは、弁護側は事前に自ら積極的に調査活動を展開し、証人の発掘、聞き込み等を行なう。そのために、多くの公設弁護人事務所では、専門調査員が雇用され、その人件費も公費でまかなわれて、調査員が積極的な調査を展開する。また、サピーナ（罰則付き召喚令状）によって、強制調査権限が与えられ、証人の事前出頭を要請することができる。

日本においても、公設弁護人事務所の専門調査員制度を導入し、サピーナ制度の導入もしくは、証拠保全の規定に基づく尋問を広く認めるべきである。[*10]

③ デポジション制度（検察官申請予定証人に対する弁護側の公判前反対尋問制度）の導入

死刑冤罪事件の多発したイリノイ、フロリダ両州では近年、検察側申請予定の証人について、公判前に被告側に訴訟外で反対尋問の機会を与えるデポジション制度（Deposition）制度が導入され、公判準備が飛躍的に充実したものとなっている（第９章参照）。デポジション制度は主に専門家証人、目撃証人、

密告者などにおいて非常に重要とされている。集中審理を前提とする裁判員制度のもとでは公判で現れた事実や疑問を期日間に徹底して調査検討する弁護活動が困難になる以上、代替措置が検討されてしかるべきである。法改正により、主要証人や専門家証人に対するデポジションを認めるか、刑事訴訟法281条を活用し、検察側申請証人に対する主要証人や専門家証人に対する弁護側の公判準備のための尋問を、第1回公判前に弾力的に認めるべきである。

(2) 公判前整理手続

アメリカでは、公判前整理手続に該当する手続は行なわれておらず、州の手続によって要求される弁護側の争点明示は特定の積極抗弁（アリバイ、責任能力、正当防衛など）に限定され、かつ概括的なもので足りるとされ、それでも訴訟の混乱・遅延などはない。裁判員制度下での公判前整理手続においても、検察官の証明予定事実に対する厳密な認否や、詳細な主張は要求すべきではない。[*11]

また、整理手続の際に予定されていなかった証拠調べも、防御上必要性があると認められる限り、認めるべきである。証人尋問を通じて証拠上の疑問が発生した場合、それに関連した証拠調べ請求を認めることは、合理的疑いの有無という事実認定の根幹に関わるものであり、これを認めないのは被告人の防御にも真実発見の要請にも反する。

4 弁護体制

(1) 公的弁護制度の確立

アメリカの冤罪の原因として不適切弁護がある。弁護体制が確立せず、州が予算を支出しない州では、弁護人がしばしば充分な公判準備も必要な調査・弾劾・立証も行われず、深刻な冤罪が発生し続けている。他方、公設弁護人制度が整備され、公判準備活動も含めた適正な弁護士報酬が支給されて、経験ある弁護士が活躍している地域では、冤罪が発生しにくい。弁護体制への予算拠出・基盤整備は司法の正義にとって極めて重要な問題であることがわかる。

日本でも、集中審理の裁判員裁判で充実した公判弁護活動を行うためには、経験ある刑事専門の弁護士の存在が不可欠であり、そのための基盤整備——教育体制、報酬、スタッフの充実等——が重要である。

適切な弁護を確保するためには、以下の点に留意すべきである。
① 公的弁護制度において、弁護士の給与は検事並みとし、かつ経験を蓄積した弁護士を確保するために、任期制度を設けないこと。
② 専門調査員など専門スタッフを配置し、教育体制を確立すること。
③ 国選弁護士報酬については公判準備期間の活動も含めて報酬を増額し、弁護士の力量と労働に応じた採算ベースにあう報酬・実費を保障すべきこと。

(2) 充実した公判弁護活動のための措置
① 速記録

　アメリカでは、公判の証人尋問に関する速記録は、その日のうちに作成され、検察・弁護に交付される。このような速記録の速やかな作成・交付がなければ、十分な弁護活動を実現することは困難であり、最終弁論において供述内容の矛盾点などを裁判員に説得的に説明することはできない。日本においても、効果的な弁護活動・弁論のために、公判期日直後に速記録を交付できるような速記制度を実現すべきである。

② 夜間・時間外接見の早急な整備

　アメリカでは、多くのケースで被告人は保釈され、また夜間でも留置場所での接見が認められているため、公判期日終了後に被告人と弁護人が打ち合わせをすることが可能である。ところが、日本では、拘置所における接見は執務時間内に限られており、休日接見も極めて例外的にしか認められていない。このような面会時間制限を変更しない限り、弁護人は被告人と十分な打ち合わせができないまま、集中審理を続けなければならなくなり、被告人の防御の観点から著しく問題である。接見に関する実務運用を抜本的に改め、拘置所において執務時間外・休日においても接見を自由化し、また仮監の接見室等の設備を大幅に拡充し、夜間でも接見ができるようにすべきである。

5　裁判員に対する説示・オリエンテーション

　裁判員制度では、評議の際に裁判官が裁判員に対し、「必要な法令に関する説明を丁寧に行う」（裁判員法66条5項）とされている。裁判員の公正な判断を確保するために適切でわかりやすい説明が行われることが重要である。アメ

リカでは、適切な説明のために、細心の注意と不断の努力が行われており、学ぶに値する。裁判員に対する説明として以下の方法を提案したい。

(1) **事前オリエンテーション**

まず、選定手続前の待ち時間にビデオなどによるオリエンテーションを実施し、裁判員の任務や証拠に基づく事実認定のあり方について、わかりやすく説明すべきである。

(2) **説示**

① 公判廷での説示

陪審制度と同様に、審理の冒頭での冒頭説明、審理の後での最終説明を公開法廷で行うべきである。説明には弁護士・検察官の立会いを認めるべきである。説示は記録されて訴訟記録に編綴されることとし、不適切な説明がなされた場合はこれを理由に控訴ができることとすべきである。このようにして、裁判官の説明・影響を可視化することは、適正な判断を確保するために重要である。

② 統一的な説明

個々の裁判官の説明の巧拙が評議に影響することを避けるべく、アメリカの州で実施されているように、統一された説示集を作成し、それに従って統一的な説明がなされるようにすべきである[*12]。その内容を適切でわかりやすいものとするため、裁判官・弁護士その他専門家らによって構成される委員会が作成することとし、適宜改善を重ねるべきである。

③ 冒頭説明

最近のアメリカの陪審改革で、法律論に関する説明を審理の冒頭に行うことが、審理に対する陪審の理解と適切な認定を促進しているという結果が出されている。

日本においても適切な冒頭説明を行うべきである。一般市民からなる裁判員は、一方で、被告人と同じ目線から物事を見ることができるという可能性が期待されるが、他方で、事実認定の原則について適切な説明を受けていない場合、自白やプレゼンテーションの迫真性に強い印象を受けて他の証拠の厳密な検討に至る前に心証を固める危険性もある。そこで、審議の前に少なくとも以下の説明がなされるべきであろう。

(ⅰ)　事実認定・刑事訴法の原則

　無罪推定原則は冒頭に丁寧に説明されるべきである。また黙秘権、適正手続保障の重要性など刑事訴訟の原則についても説明されるべきである。

　(ⅱ)　起訴状、冒頭陳述は証拠ではないこと

　アメリカでは、起訴状、冒頭陳述が証拠でなく、これらを根拠に判断してはならない旨、裁判官が繰り返し陪審に説明する。日本においても冒頭陳述によって予断を抱いて審理に臨むことがないよう、事前の説明が重要である。

　(ⅲ)　自白に関する注意

　被告人の自白があり、それが証拠として提出される事案では、裁判員が「自白がある」という事実や、自白内容の迫真性などに大きく影響される可能性がある。自白法則及び補強法則（刑訴法319条1項、2項）、そして客観的な証拠から有罪性を検討したうえで、自白の検討に入るべきことを説明すべきである。

　④　審理後の説明

　法律構成要件の説明、争点に関する説明のほか、評議に関する原則、評議における裁判員の役割を説明すべきである。とりわけ、評議において裁判官と裁判員が対等であることを説明すべきである。

　⑤　説明書面の配布

　アメリカでは、口頭説示だけでなく、説示を書面にして陪審員に交付することにより、刑事裁判や事案への理解が促進されているという。日本においても、説明を書面にして裁判員に交付することが適切な理解のために望ましい。書面の配布により、評議で裁判官から逐一説明を受けないで済めば、評議は真に対等な議論の場となり、評議における対等性が実質的に確保されると期待される。

　6　選定手続

　陪審制度において、公正な判断のできる陪審員を選定するか否かは評決に直結する重大問題であり、そのためにアメリカでは選定手続において、時間をかけて質問手続が行われる。とりわけ、無罪推定原則に従えるか、刑事裁判の原則に従った判断ができるか、公正な判断をすることができるか、について質問

され、NOと答えた場合は、陪審から除外されることとなる。このような手続の中で、陪審員は刑事裁判の原則を学び、自覚を高めることとなる。アメリカの少なくない州では、弁護側と検察側にも陪審員に対する質問の機会があり、無罪推定やバイアスの有無に関する質問が時間をかけて行われ、陪審員の資質を見分けるのに極めて重要な役割を果している。

　公正な判断者を選ぶことの重要性は裁判員制度においても同様に重要である。

　裁判員法34条は、不適格事由等の該当性および「不公平な裁判をするおそれがないかどうかの判断をするため」、裁判官の選定手続における質問の制度を規定している。適切な裁判員を選ぶために、無罪推定原則などの法の原則に従えるか否か、事件に既に予断を持ってないか、偏見に基づくことなく公正な判断ができるかについて、具体的な質問を行って確認したうえで選定が行われるべきである。[13] 裁判官は無罪推定原則を含め、当事者の希望する質問についてはできる限り質問に取り入れるべきであり（裁判員法34条2項）、さらに検察官・弁護人にも独立して質問の機会を保障すべきである。

7　市民にわかりやすい裁判・市民の主体的・積極的参加

　裁判員が法廷でのやり取りを聞くだけで判断が十分に可能なわかりやすい審理が実現しなければ、実質的な市民参加は実現せず、市民参加のもとでの適切な判断は実現しない。また、市民にとって参加しやすく、積極的に参加できるシステムを構築することは制度の存立にとっても不可欠である。

(1)　直接主義・口頭主義の徹底

　裁判員にわかりやすい裁判にするために、まず、公判で行なわれた証人尋問のみで心証をとれる立証に切り替えるべきであり、書面は最小限度の簡潔なものとすべきである。仮に、現状どおりの膨大な供述調書が提出され、裁判官がこれを精査して裁判員に要約を伝えるということでは、裁判官と裁判員の間に著しい情報格差が生まれ、裁判員が直接証拠を吟味して判断するのではなく裁判官というフィルターを介しての証拠判断となり、裁判員制度の趣旨に反する。[14]

　特に検面調書（2号書面）の従来どおりの採用は、「証言と検面調書のどち

らを信用すべきか」について裁判員を混乱させることとなり、直接主義・口頭主義の徹底の見地から好ましくない。新設の刑事訴訟規則198条の4により、取調べ状況に関して検察官に「迅速かつ的確な立証」が要求されているが、検察官は、特信情況を示す明確かつ客観的な立証手段を提示すべきであり、それがなされない限り、2号書面の採用は認めるべきでない。

　また、自白調書に関しては、取調べ全過程の可視化を実現することにより、その役割を終えることになろう。まず、可視化により、任意性に関する争いの多くを解決することができる。また、公判で、自白の録音・録画テープを再現することは、適正な自白の信用性判断を助けることになるであろう。

(2)　市民にわかりやすい公判の工夫

①　訴訟当事者の努力

　訴訟当事者には、わかりやすい言葉で争点を明確に提示することが求められる。そのために、法科大学院（ロースクール）、研修所、さらに継続研修のあり方を抜本的に変え、アメリカの口頭弁論技術などを取り入れることが必要となるであろう。パネルやパワーポイント、OHPなど、視覚に訴える方法が工夫されるべきである。

②　裁判員の環境

　裁判員には、メモを取ることを許し、審理にあたって、争いのない書証のコピーをまとめたファイルを1人一冊与え、それを参照しながら審理に臨めるようにすべきである。また、証言に関する記憶を確認するために、速記録はすみやかに整えられ、記憶喚起のために裁判員が容易にアクセスできるようにすべきである。

(3)　裁判員が積極的に参加できる制度の構築

　裁判員義務の延期制度、裁判員の除外規定の撤廃、裁判員の休暇制度などを実現し、市民が参加しやすい制度を構築すべきである。また啓発・普及、法教育活動を通じて、市民が司法に参加する意義と重要性を広く社会の共通認識とし、市民の意識を高めることが重要である。

　さらに、裁判員が主体的・積極的に参加できる環境を保障するために、ニューヨークの「市民の陪審プロジェクト」のような第三者機関のモニタリングを広く許容・支援すべきである。また、裁判員経験者のフィードバックを制度改

革に活かせるよう、裁判員の守秘義務は厳格に限定されなければならない。

8 DNA鑑定・目撃証言
(1) 目撃証人の犯人識別過程の適正化

アメリカでは、目撃証言の誤りは、最大の誤判原因であるという。これは日本においても他人事とはいえないはずだが、未だこの問題に関する問題意識は低く、改善のための本格的な取り組みが行なわれているとはいえない。この点、アメリカにおいて、心理学的見地を踏まえて新しい面割り・面通しの方法を各州、警察署単位で実現している点は注目に値する。日本においても、犯人識別プロセスに関する実証的研究を行い、犯人識別供述の誤りを減少させる方法を真剣に検討するべきである。特に

①面通しに立ち会う警察官は、被疑者について面識・事前知識を持っていない者であること、

②証人に対し識別に際して「犯人はこの中にいないかもしれない。だから、あなたは誰かを特定しなければならないわけではない」と説明を行うこと、

③識別の過程から、証人の記憶を汚染・混乱させ、または予断をもたらす要因を徹底して排除すること、

これらは識別の誤りを減少させるために重要である。

(2) DNA鑑定を受ける権利

アメリカの冤罪は、DNA鑑定という事後のスクリーニング手段が登場するようになって初めて大きく顕在化した。日本においては、再審事件のハードルが高く、再審事件でDNA鑑定・再鑑定が行われるケースは一握りに過ぎない。そもそも、DNA鑑定資料が捜査側鑑定で全量消費されたり、生物学的証拠の保管方法が適切でないため、DNA鑑定が困難を極め、冤罪を救う道が閉ざされている。仮にこのような障害がなくなりDNA鑑定・再鑑定により事実関係を争う道がもっと広がれば、潜在的な冤罪事件が明らかになる可能性も開ける。

この点で、アメリカ連邦法がDNA鑑定を受ける被告人の権利を保障し、その実質化のために捜査機関に罰則を科してDNA証拠の保存を義務付けた点は、

極めて画期的である。日本の実務においても同様の制度を実現し、DNA証拠の厳重保存を制度化し、捜査側による鑑定資料全量消費をやめさせ、無実を訴える被告人にDNA鑑定への道を開くべきである。

9　無罪事件に対する控訴の禁止

裁判員制度で出された結論が控訴審で簡単に覆しうることとなれば、市民参加の裁判の意義は無に帰する。第一審が集中審理で行われる一方、控訴審が現状どおりの審理を行うとすれば、控訴審段階の事実誤認・審理不尽による破棄が続出する危険がある。とりわけ、第一審で集中審理のために証拠も審理内容も絞って無罪となった事件が、控訴審段階で、弁護側の弱点を突かれ審理不尽などで破棄される事態が続出すれば、裁判員制度は失敗する。[*15]

そもそも、アメリカでは「二重の危険の禁止」の法理から、陪審評決で無罪となった事件について、事実認定の誤りを理由として上訴することが許されていない。同法理を憲法で採用する日本においても、「二重の危険の禁止」の法理の原点に立ち返り、無罪判決に対する事実認定を理由とする上訴を禁止することを提案したい。

10　市民に無罪推定原則の徹底を

刑事裁判に初めて参加する市民に「1人の無辜をも処罰しない」という無罪推定の原則を丁寧に説明し、これを大前提とした事実認定を行なうようにすることは極めて重要である。アメリカにおいても、冤罪の少ない州では、陪審員選定手続、冒頭説示、最終説示で裁判官が無罪推定について繰り返し丁寧な説明を行っていることがわかる。法の原則は日々語られることによって、生きたものになる。無罪推定の原則が法廷で繰り返し語られることは、取調べ、証拠開示、弁護体制等の改革とあわせて、冤罪を防ぐためのセーフガードとして極めて重要である。

3　誤判を生まないための大胆な改革を

日本では、2009年に裁判員制度の実施を前に日本の刑事司法が大きく動こう

としている。しかし、冤罪を生み出さないシステムの確立という点では未だ十分な改革が実現していない。取調べ過程など刑事司法そのものの問題が解決されず、判断者に正しい情報・証拠が与えられず、また十分な公判活動が実現しなければ、裁判員制度のもとで公正な判断を実現することは困難である。このことは、アメリカの例が端的に物語っている。刑事手続の不備により誤判が生じれば、冤罪の被害者が犠牲になるだけでなく、判断に参加した市民も苦しむことになる。

　市民参加の裁判が実現するのを機に、アメリカが幾多の「冤罪」という多大な犠牲と苦い教訓のなかで、たどり着いた改革提案とその実現に学び、その経験を日本でも生かしていくことが必要であると思う。新しい制度は、99パーセントの有罪率のもとで「絶望的」[*16]と言われた旧来の自白偏重、証拠隠し、無罪推定原則の形骸化などといった問題とは無縁でなければならない。市民が参加する新しい刑事裁判を、真に公正な、市民の良識を反映したものに発展させるために、大胆な改革への努力がいまこそ必要である。

―注―
* 1 Death Penalty Information Center Report, "Blind Justice : Juries Deciding Life and Death with only Half the Truth" (2005. 10).
http://www.thejusticeproject.org/press/reports/blind-justice-juries-deciding.html
* 2 この点、吉丸眞「裁判員制度の下における公判手続の在り方に関する若干の問題」(判例時報1807号〔2003年〕3頁)は、「警察における取調べ状況について的確に事実を認定することは、裁判官にとってもきわめて困難であることは少なくない」「裁判員にとって、上記のような状況の下で、警察における取調べ状況について的確に事実を認定することは、裁判官のそれにも増して、厳しい作業になるであろう」として被疑者取調べの録音・録画制度を提唱した。2004年の刑事訴訟法改正により、取調べ状況記録書面の作成に関する規定が定められたが(刑事訴訟法316条の15第1項8号、刑事訴訟規則198条の4)、このような書面が事実認定の適正を担保する客観的資料となりえないのは明らかである。
* 3 2006年5月9日、朝日新聞報道。
* 4 今崎幸彦「共同研究『裁判員制度導入と刑事裁判』の概要」(判例タイムズ1188号〔2005年〕4頁)には、現職裁判官による同種の意見が紹介されている。
* 5 この点は、イギリスと比べてアメリカの開示制度が圧倒的に立ち遅れている点である。フィッシャーは、英米の証拠開示制度を比較し、警察官に開示義務が課されていないことが米国の制度の最大の問題であると指摘する。Stanley Z Fisher "The prosecutor's ethical duty to seek exculpatory evidence in police hand, Lessons from England" (Fordham law review, April 2000)。
* 6 指宿信「全面証拠開示を求めて・冤罪・誤判をなくすために――まとめと提言」法と民主主義379号(2003年)。
* 7 特に、情況証拠に関しては、例えば捜査機関手持ち証拠中に被告人の有罪に対する積極的情況証拠が約半分、消極的情況証拠が約半分存在するとしても、捜査機関が後者を隠匿して前者のみを証拠提出・開示した場合、裁判員・裁判官は、被告人の有罪につながる情況証拠のみで有罪性を判断することになる。こうした場合、弁護側が消極的情況証拠群の全てを自らの調査で入手するのは極めて困難である。検察官は、消極的情況証拠に関する部分を捨象して争点明示するであろうから、争点に関connectionる証拠開示や、提示命令というステージに到達しない。しかし、このような消極的情況証拠類のリストにアクセスすることは、被告側の防御上極めて重要である。
* 8 木谷明元判事はこの点、控訴審で覆されない無罪判決を出すための審理のあり方の重要性について、「第一には審理のあり方だと思います。少しでも疑問があれば徹底的に調べてもう反対証拠が出ないというところまで証拠調を尽くしてしまう、そのうえで判断する必要があります」「審理を尽くした結果疑問点がいっぱい出てくれば、これはだれだって合理的な疑いだと認めざるを得なくなるでしょう。指摘できる疑問点が少ししかないのに何となく変だと考えても、これを合理的な疑いだと論証するのは難しいです」「証拠上の疑問点を全部洗い出すことが大切で、そうしてしまえば、有罪にせよ無罪にせよ一審判決がそんなにやたらと控訴審で破棄されるものではないと思うのです」と述べられている(法律時報962号〔2005年〕13～14頁)。
* 9 刑事訴訟法316条の17第3項。
* 10 刑事訴訟法179条の証人尋問の要件(「あらかじめ証拠を保全しておかなければその証拠を使用することが困難な事情があるとき」)を緩和し、弁護側の事前調査に必要な証拠については積極的な公判前証人尋問を認めるべきであろう。
* 11 この点について、今崎幸彦・前掲注5では「主張明示義務については(中略)、公判の審理予定に影響するような否認主張を予定している場合にこれを明示させれば足り、事案の如何を問わず検察官証明予定事実記載書面について逐一認否を求めるような運用は相当でないという意見が大勢を占めた」「細かな事実についてまで認否を求めることは、いたずらに争点を拡散させるだけで、真の意味での争点整理にはならないのではないかとの意見が多数であった」ことが紹介されている。
* 12 この点について、今崎幸彦・前掲注5で、現職裁判官から「理論的に正しく、かつ、分かりやすい、標準的な説明方法を用意する必要がある」などの指摘が出されたことが紹介されている。
* 13 裁判員法34条1項は、選定手続における裁判官による裁判員候補者への質問に関する規定である。同法34条2項は、陪席裁判官、検察官、弁護人、被告人が、必要と思料する質問を裁判長に求めることができる旨規定されている。
* 14 この点について、今崎幸彦・前掲注5で、現職裁判官から同様の指摘が出されたことが紹介されている。
* 15 木谷明元判事は、「裁判員制度下での無罪判決については、検事が控訴理由を見つけようと思えば簡単に見つかると思います。ですからそういう控訴理由をまともに取り上げて次々に無罪判決を破棄していたら、この制度は失敗に終わることは目に見えています」と懸念を表されている(「刑事裁判の理念と事実認定」〔法律時報 962号(2005年)10月号〕)。
* 16 平野龍一「現代刑事裁判の診断」『団藤重光博士古稀祝賀記念論文集第4巻』(有斐閣、1985年)1頁。

資料１

全ての殺人事件について取調べ全過程の録音・録画を義務付けるイリノイ州の新法 (725ILCS 5/103–2.1)

(a) この章において、身体拘束下の取調べとは、(i)合理的な人間が身体拘束の条件下にあると考える状況での全ての取調べであり、(ii)合理的に考えて自己負罪を引き出そうとするような質問がなされる場合をいう。

　この章において、留置場所とは、地方警察、郡保安官ないしその他の捜査機関が業務を行う建物または警察署であり、個人に対する刑事訴追に関連して当該個人を身体拘束するために捜査機関によって保持または運営されている場所であり、裁判所は含まれない。この章において、「電子的記録」とは、モーション写真、録音、ビデオ録画、デジタル記録を含む。

(b) 1961年刑法 Section9–1〜9–3.3〔殺人事件―筆者注〕、イリノイ交通規則11–501（d）（1）（F）に関するいかなる刑事手続においても、警察署その他の留置場所において身体を拘束された被疑者に対する取調べの結果得られた口頭、書面または署名された供述は、以下の条件を満たさない限り、被疑者に対する訴追事件において、証拠能力がないと推定される。

　　1　身体拘束下での取調べが電子的に記録されており、かつ
　　2　記録が内容的に正確であり、意図的に改ざんされていない。

(c) この章で要求される全ての電子的記録は被疑者の供述に関連する事件の有罪判決が確定し、全ての上訴や人身保護請求の手段が尽くされるまで、または起訴が法律上退けられるまで、保管され続けなければならない。

(d) 裁判所が証拠に基づき、この章の規定に違反して身体拘束下の取調べがなされ、その取調べの際ないしその後に被疑者の供述が得られたと判断した場合、この章のそれ以外の規定全てが遵守されていたとしても、被告人に対する訴追事件の刑事手続において、証拠弾劾以外目的の場合を除き、証拠能力が認められないと推定される。

(e) この章は、以下の場合の証拠能力を排除するものではない。

　　(ⅰ) 被告人の公開法廷での陪審審理、大陪審、公判前尋問における陳述
　　(ⅱ) 電子的記録が不可能であるため、この章が要求する電子的記録がなさ

れなかった場合の身体拘束下の取調べ過程で作成された陳述
- ⅲ) 被疑者の証人としての信用性に関わる自発的な陳述（身体拘束下の取調べの結果と否とに関わらない）
- ⅳ) 質問に対する回答としてなされたのではない自発的な陳述
- ⅴ) 被疑者の逮捕手続の際に決まった手順で尋ねられる質問に対する陳述
- ⅵ) 身体拘束下の取調べで得られた陳述であり、被疑者が陳述に先立ち、陳述の電子的記録がなされない場合のみ捜査官の質問に答える旨要請し、この旨の合意の陳述が電子的に記録されているもの
- ⅶ) 州外でなされた身体拘束下の取調べにおける陳述
- ⅷ) 殺人事件の被害者の死について捜査官が認識できなかった場合に作成された陳述
- ⅸ) 法律上証拠能力があると認められるその他の陳述

　　州は、証拠に基づき、(e)の除外事由に該当することについての立証責任を負う。この章は、単に証拠弾劾に使用される陳述、または実質証拠としてではなく使用される陳述の証拠能力を排除するものではない。

(f) 警察署その他の留置場所における身体拘束下の被疑者の取調べで作成された供述の証拠排除に関する推定は、総合的な状況判断のうえ、証拠に基づき供述に任意性および信用性があると認められる場合は、打ち破られる場合がある。

(g) この章が要求する、捜査機関によって行われる身体拘束下の取調べによりなされた被疑者の供述の電子的記録は、秘密であり、第7章の情報自由法に基づく公衆の閲覧、謄写の対象とならず、この章より必要とされる場合を除き、誰にも譲渡されない。

（日本語訳／伊藤和子）

資料2

サリバン報告　取調べ全過程の録音・録画を実施している警察署・法執行機関の一覧（2004年夏段階）

州	警察署・法執行機関	人口 （2000年統計）	職員の数	録音・録画	実施年数
アラスカ	全ての機関	626,932		録音と録画	19年
アリゾナ	Casa Grande 警察署	25,224	60	録音と録画	10年以上
	Chandler 警察署	176,581	304	録音と録画	20年以上
	Coconino 郡保安官事務所	116,320	64	録音と録画	15年以上
	El Mirage 警察署	7,609	47	録音と録画	1年以上
	Flagstaff 警察署	52,894	95	録音と録画	6年
	Gila 郡保安官事務所	51,335	52	録音と録画	5年
	Gilbert 警察署	109,697	151	録音と録画	8年
	Glendale 警察署	218,812	300	録音と録画	10年
	Marana 警察署	13,556	65	録音	9年以上
	Maricopa 郡保安官事務所	3,072,149	675	録音と録画	10年以上
	Mesa 警察署	396,375	820	録音と録画	12年以上
	Oro Valley 警察署	29,700	75	録音と録画	10年以上
	Payson 警察署	13,620	28	録音と録画	11年以上
	Peoria 警察署	108,364	155	録音と録画	5年
	Phoenix 警察署	1,321,045	2,400	録音と録画	2年以上
	Pima 郡保安官事務所	843,746	450	録音と録画	12年
	Pinal 郡保安官事務所	179,727	150	録音と録画	
	Prescott 警察署	33,938	63	録音と録画	12年
	Scottsdale 警察署	202,705	300	録音と録画	10年
	Somerton 警察署	7,266	16	録音と録画	8年

	South Tucson 警察署	5,490	27	録音	10年
	Surprise 警察署	30,848	85	録音と録画	20年以上
	Tempe 警察署	158,625	380	録音と録画	5年
	Tucson 警察署	486,699	943	録音と録画	30年以上
	Yavapai 郡保安官事務所	167,517	123	録音と録画	10年以上
	Yuma 郡保安官事務所	160,026	80	録音	5年
	Yuma 警察署	77,515	144	録音と録画	4年
アーカンソー	14th Judicial District Drug Task Force		4	録音と録画	10年以上
	Fayetteville 警察署	58,047	140	録音と録画	5年
	State Police	2,673,400	490	録音と録画	
	Van Buren 警察署	18,986	46	録音と録画	8年以上
カリフォルニア	Alameda 郡保安官事務所	1,443,741	1,000	録音と録画	10年以上
	Auburn 警察署	12,462	25	録音と録画	15年
	Butte郡保安官事務所	203,171	110	録音と録画	15年
	Carlsbad 警察署	78,247	107	録音と録画	20年
	Contra Costa 郡保安官事務所	948,816	850	録音と録画	10年
	El Cajon 警察署	94,869	155	録音	25年
	El Dorado 郡保安官事務所	156,299	160	録音と録画	10年
	Escondido 警察署	133,559	168	録音と録画	20年以上
	Folsom 警察署	51,884	73	録音と録画	10年
	Grass Valley 警察署	10,922	29	録音と録画	5年
	Hayward 警察署	140,030	225	録音と録画	14年
	La Mesa 警察署	54,749	66	録音と録画	9年以上
	Livermore 警察署	73,345	97	録音と録画	20年
	Los Angeles 警察署	3,694,820	7,000	録音	23年
	Oceanside 警察署	161,029	200	録音と録画	15年
	Orange 郡保安官事務所	2,846,289	1,600	録音と録画	15年以上
	Placer 郡保安官事務所	248,399	250	録音と録画	10年

	Rocklin 警察署	36,330	45	録音と録画	12年以上
	Roseville 警察署	79,921	110	録音と録画	10年以上
	Sacramento 郡保安官事務所	1,223,499	1,700	録音と録画	25年
	Sacramento 警察署	407,018	675	録音と録画	22年以上
	San Bernardino 保安官事務所	1,709,434	1,550	録音と録画	25年
	San Diego 警察署	1,223,400	2,100	録音と録画	15年以上
	San Francisco 警察署	776,733	2,500	録音と録画	
	San Joaquin 郡保安官事務所	563,598	250	録音と録画	20年以上
	San Jose 警察署	894,943	1,400	録音と録画	25年以上
	San Leandro 警察署	79,452	94	録音と録画	15年
	San Luis 警察署	44,174	32	録音と録画	8年
	Santa Clara 郡保安官事務所	1,682,585	635	録音と録画	
	Santa Clara 警察署	102,361	140	録音と録画	20年以上
	Santa Cruz 警察署	54,593	95	録音と録画	4年以上
	Stockton 警察署	243,771	372	録音と録画	8年以上
	Union City 警察署	66,869	72	録音と録画	16年
	Ventura 郡保安官事務所	753,197	850	録音と録画	30年
	West Sacramento 警察署	31,615	62	録音と録画	5年
	Woodland 警察署	49,151	600	録音と録画	5年
	Yolo 郡保安官事務所	168,660	100	録音と録画	15年
コロラド	Arvada 警察署	102,153	140	録音と録画	17年
	Aurora 警察署	276,283	570	録音と録画	8年
	Boulder 警察署	94,673	163	録音と録画	10年
	Brighton 警察署	20,905	53	録音と録画	2年
	Broomfield 警察署	38,272	130	録音と録画	9年
	Colorado Springs 警察署	360,890	686	録音と録画	7年以上

	Commerce City 警察署	20,991	75	録音と録画	15年
	Denver 警察署	554,636	1,300	録音と録画	22年
	El Paso 郡保安官事務所	516,929	386	録音と録画	17年
	Ft. Collins 警察署	118,652	156	録音と録画	20年
	Lakewood 警察署	144,126	270	録音と録画	10年
	Larimer 郡保安官事務所	251,494	237	録音と録画	25年以上
	Loveland 警察署	50,608	79	録音と録画	9年以上
	Sterling 警察署	11,360	22	録音	5年以上
	Thornton 警察署	82,384	147	録音と録画	8年
コネティカット	Bloomfield 警察署	19,587	52	録音と録画	2年
	Cheshire 警察署	28,543	48	録音と録画	20年
	Metropolitan 警察署	572,059	3,700	録音と録画	1年
フロリダ	Broward 郡保安官事務所	1,623,018	2,000	録音と録画	1年
	Collier 郡保安官事務所	251,377	800	録音と録画	6年
	Coral Springs 警察署	117,549	200	録音と録画	7年
	Daytona Beach 警察署	64,112	245	録音と録画	25年
	Ft. Lauderdale 警察署	152,397	500	録音と録画	1年
	Hallandale Beach 警察署	34,282	95	録音と録画	6ヵ月
	Hialeah 警察署	226,419	300	録音	20年以上
	Hollywood 警察署	139,357	340		1年
	Kissimmee 警察署	47,814	140	録音と録画	8年以上
	Manatee 郡保安官事務所	264,002	650	録音と録画	20年
	Miami 警察署	362,470	1,100	録音と録画	1年以上
	Mount Dora 警察署	9,418	36	録音と録画	18年
	Orange 郡保安官事務所	896,344	15,00	録音と録画	22年
	Osceola 郡保安官事務所	172,493	400	録音と録画	15年
	Palatka 警察署	10,033	35	録音と録画	6年以上
	Pembroke Pines 警察署	137,427	225	録音と録画	2年以上

	Pinellas 郡保安官事務所	921,482	900	録音と録画	20年
	Port Orange 警察署	45,823	82	録音と録画	20年
	St. Petersburg 警察署	248,232	539	録音と録画	5年以上
ジョージア	Atlanta 警察署	416,474	1,500	録音と録画	
	Cobb County 警察署	607,751	558	録音と録画	20年以上
	DeKalb County 警察署	665,865	1,000	録音と録画	2年
	Fulton County 警察署	816,006	350	録音と録画	8年以上
	Gwinnett County 警察署	588,448	515	録音と録画	15
	Macon 警察署	97,255	305	録音と録画	15年以上
	Savannah-Chatham 警察署	232,048	600	録音と録画	10年
ハワイ	Honolulu 警察署	371,657	200	録音	18年以上
アイダホ	Coeur d'Alene 警察署	34,514	63	録音と録画	16年以上
	Dep't. of Fish & Games	1,341,131	100	録音	10年以上
	Jerome 警察署	7,780		録音と録画	6年
	Nampa 警察署	51,867	95	録音と録画	4年以上
イリノイ	DuPage 郡保安官事務所	904,161	439	録音と録画	4年
	East St. Louis 警察署	31,542	65	録音と録画	
	Kankakee 郡保安官事務所	103,833	63	録音と録画	10年
	Kankakee 警察署	27,491	71	録音と録画	10年
	Naperville 警察署	128,358	182	録音と録画	8年
	O'Fallon 警察署	21,910	43	録音と録画	1年
インディアナ	Auburn 警察署	12,074	22	録音と録画	7年
	Carmel 警察署	37,733	90	録音と録画	15年以上
	Cicero 警察署	4,303	7	録音と録画	3年
	Elkhart 警察署	51,874	118	録音と録画	15年
	Fishers 警察署	37,835	69	録音と録画	8年

	Ft. Wayne 警察署	205,727	400	録音と録画	20年以上
	Greensburg 警察署	10,260	18	録音と録画	20年
	Hamilton 郡保安官事務所	182,740	60	録音と録画	12年以上
	Hancock 郡保安官事務所	55,391	40	録音と録画	7年
	Johnson 郡保安官事務所	115,209	60	録音と録画	4年
	Noblesville 警察署	28,590	67	録音と録画	5年
	Sheridan 警察署	2,520	5	録音と録画	16年
	Steuben 郡保安官事務所	33,214	21	録音と録画	5年
	Westfield 警察署	9,293	30	録音と録画	10年以上
アイオワ	Sioux City 警察署	85,013	127	録音と録画	15年
カンサス	Sedgwick 郡保安官事務所	452,869	172	録音と録画	20年以上
	Wichita 警察署	344,284	650	録音と録画	5年
ケンタッキー	Elizabethtown 警察署	22,542	42	録音と録画	5年以上
	Hardin 郡保安官事務所	94,174	20	録音と録画	2年
	Oldham 郡保安官事務所	46,178	30	録音と録画	4年
ルイジアナ	Lafayette City 警察署	110,257	240	録音と録画	15年
	Lake Charles 警察署	71,757	175	録音と録画	10年
	Plaquemines Parish 保安官事務所	26,757	216	録音	19年
	St. Tammany Parish 保安官事務所	191,268	600	録音と録画	7年以上
メイン	Lewiston 警察署	35,690	80	録音と録画	15年
	Portland 警察署	64,249	160	録音と録画	2年
メリーランド	Harford 郡保安官事務所	218,590	685	録音と録画	15年
	Prince George's 郡警察署	801,515	1,420	録音と録画	2年
マサチューセッツ	Yarmouth 警察署	24,807	52	録音と録画	2年以上
ミシガン	Kentwood 警察署	45,255	72	録音と録画	10年
	Ludington 警察署	8,357	14	録音と録画	3年
	Waterford 警察署	73,150	90	録音と録画	5年以上

ミネソタ	すべての機関	4,919,479		録音と録画	10年
ミシシッピ	Biloxi 警察署	50,644	145	録音と録画	25年
	Cleveland	13,841	40	録音	20年
	Gulfport 警察署	71,127	200	録音と録画	15年
	Harrison 郡保安官事務所	189,601	250	録音と録画	5年
	Jackson 郡保安官事務所	131,420	150	録音と録画	19年
ミズーリ	St. Louis 郡 Major Case Squad	1,016,315		録音と録画	
	St. Louis郡警察署	1,016,315	730	録音	
モンタナ	Billings 警察署	89,847	128	録音と録画	20年
	Bozeman 警察署	27,509	42	録音	18年
	Butte/Silverbow 警察署	34,606	40	録音と録画	10年以上
	Cascade 郡保安官事務所	80,357	40	録音と録画	10年以上
	Flathead 郡保安官事務所	74,471	45	録音と録画	10年以上
	Gallatin 郡保安官事務所	67,831	40	録音	10年以上
	Great Falls 警察署	56,690	80	録音と録画	8年
	Helena 警察署	25,780	49	録音と録画	10年
	Kalispell 警察署	14,223	45	録音と録画	10年以上
	Lewis & Clark 郡保安官事務所	55,716	40	録音と録画	15年
	Missoula 警察署	57,053	89	録音と録画	3年
	Missoula 郡保安官事務所	95,802	58	録音と録画	14年
ネブラスカ	Douglas 郡保安官事務所	463,585	120	録音と録画	20年
	Lancaster 郡保安官事務所	250,291	73	録音と録画	3年
	Lincoln 警察署	225,581	315	録音と録画	28年
	Madison 郡保安官事務所	35,226	23	録音と録画	2年
	Norfolk 警察署	23,816	43	録音と録画	6年
	North Platte 警察署	2,878	42	録音と録画	1年
	Omaha 警察署	390,007	750	録音と録画	8年以上
	O'Neill 警察署	3,733	7	録音と録画	12年

	Sarpy 郡保安官事務所	121,595	123	録音と録画	20年
	State Patrol	1,711,263	509	録音と録画	10年
ネバダ	Boulder City 警察署	14,966	28	録音と録画	4年
	Carlin 警察署	2,161	6	録音と録画	10年以上
	Dep't. Public Safety	1,998,257	49	録音と録画	16年
	Douglas 郡保安官事務所	41,259	97	録音と録画	12年
	Elko 郡保安官事務所	45,291	75	録音と録画	12年
	Elko 警察署	16,708	35	録音と録画	12年
	Henderson 警察署	175,381	280	録音と録画	10年
	Lander 郡保安官事務所	5,794	23	録音と録画	3年
	Las Vegas Metro 警察署	488,111	1,988	録音と録画	26年
	North Las Vegas 警察署	115,488	215	録音と録画	7年以上
	Reno 警察署	180,480	300		25年
	Sparks 警察署	66,346	102	録音と録画	15年以上
	Washoe 郡保安官事務所	339,486	400	録音と録画	20年
	Wells 警察署	1,346	52	録音と録画	8年
	Yerington 警察署	2,883	7	録音と録画	30年
ニューメキシコ	Carlsbad 警察署	25,625	50	録音	5年以上
	Doña Ana 郡保安官事務所	174,682	150	録音	18年
	Hobbs 警察署	28,657	81	録音と録画	4年
	Las Cruces 警察署	74,267	150	録音と録画	18年
	Santa Fe 警察署	62,203	143	録音と録画	6年
ニューヨーク	Broome 郡保安官事務所	200,536	52	録音と録画	2年以上
オハイオ	Akron 警察署	217,074	480	録音	15年
	Garfield Heights 警察署	30,734	61	録音と録画	2年
	Millersburg 警察署	3,326	9	録音と録画	11年
	Wapakoneta 警察署	9,474	14	録音と録画	2年
	Westlake 警察署	31,719	40	録音と録画	10年
オクラホマ	Moore 警察署	41,138	62	録音と録画	20年
	Norman 警察署	95,694	130	録音と録画	10年
	Oklahoma 郡保安官事務所	660,448	350	録音	1年

	Tecumseh 警察署	6,098	10	録音と録画	5年
	Clackamas 郡保安官事務所	338,391	300	録音と録画	5年以上
	Eugene 警察署	137,893	175	録音と録画	26年
	Medford 警察署	63,154	97	録音	16年
	Portland 警察署	529,121	1,048	録音と録画	15年以上
	Springfield 州警察事務所		25	録音と録画	
	Warrenton 警察署	4,096	8	録音と録画	6ヵ月
	Yamhill 郡保安官事務所	84,992	40	録音と録画	6年
サスス・ダコダ	Aberdeen 警察署	24,658		録音と録画	3年以上
	Brown 郡保安官事務所	35,460	14	録音と録画	20年
テネシー	Blount 郡保安官事務所	105,823	300	録音と録画	20年
	Chattanooga 警察署	155,554	480	録音と録画	2年
	Loudon 郡保安官事務所	4,476	35	録音	2年
テキサス	Austin 警察署	656,562	1,431	録音と録画	5年以上
	Cleburne 警察署	26,005	50	録音と録画	5年
	Corpus Christi 警察署	277,454	400	録音と録画	1年
	Houston 警察署	1,953,631	5,300	録音と録画	12年
	Randall 郡保安官事務所	104,312	78	録音と録画	10年
ユタ	Salt Lake 郡保安官事務所	898,387	350	録音と録画	5年
	Salt Lake City 警察署	181,743	460	録音と録画	3年
	Utah 郡保安官事務所	368,536	256	録音と録画	7年以上
バーモント	Norwich 警察署	3,544	7	録音	
ワシントン	Marysville 警察署	25,315	40	録音と録画	8年
	State Patrol	5,894,121	800	録音	17年

| 資料3

ノース・カロライナ州証拠開示法

■2004年事前・全面証拠開示法

N.C.G.S.A15A-903条

(a) 被告人の申立てに基づいて、裁判所は、検察官に対し、以下の命令をしなければならない。

(1) 被告人の訴追事件の捜査と訴追にかかわる全ての捜査機関と検察当局の完全な事件ファイルを提供すること。ファイルには、被告人の供述調書、共同被告人の供述調書、証人の供述調書、捜査官のノート、鑑定や実験結果その他被告人が関わったと疑われている犯罪の捜査中に得られた物ないし証拠すべてを含む。口頭の供述は、書面ないし録音の形式をとらなければならない。被告人は、これら全てについて検分し、コピー、写真撮影をし、適切なセーフガードのもとで、全ての物理的証拠やサンプルに関する検分、検査、実験をする権利を有する。

(2) 公判において申請予定の専門家証人について被告人に告知すること。これら専門家証人は、実験や鑑定の結果に関する報告書を事前に作成し、検察官はこれを被告人に交付しなければならない。検察官は、専門家証人の経歴書、意見、意見の根拠となる理論を被告人に提供しなければならない。この規定が要求する告知・開示は公判に相当程度先立って行われるべきであり、具体的時期は裁判所が指定する。

(3) 検察側は、陪審員選定の始まる前に、検察側申請予定証人の名前のリストを被告側に交付しなければならない。証人リストの開示により証人が物理的・経済的損害や強制に晒される危険があるなど差し迫った具体的な不開示の必要性がある旨検察官が署名捺印した書面により確証した場合、証人の氏名は開示されない（略）。

(b) 州が902条（a）に基づいて任意に証拠開示する場合も、その範囲は、本条（a）の範囲によるべきである。

N.C.G.S.A-15A904条　検察官やそのスタッフが公判で自ら使用する目的で作成した、証人尋問質問事項、陪審員選定の際の質問事項、冒頭陳述、最終陳述は事前に開示する必要はない。同様に、検察官やスタッフの意見、理論、戦略や結論を記した、法律上の調査や記録、通信、報告書、メモ、検察官やスタッフ作成の公判準備のためのインタビューノートは開示されない。

■1996年再審段階の全面証拠開示法（N.C.G.S.A 15A-1415）

　死刑対象事件で有罪とされ死刑宣告された被告人については、公判・控訴審弁護人は被告人に関する事件の全記録ファイルを現在の死刑事件弁護人に提供しなければならない。州は、法律の範囲内で、当該被告人の捜査及び起訴に関与した全ての捜査機関及び検察機構の所持する全記録ファイルを弁護人に提供しなければならない。

　州がファイルの特定部分について弁護人の調査を認めることが司法の利益を損なうと合理的に確信する場合、州はそのように特定したファイルの部分について、裁判所による調査を求めることができる。裁判所が調査の結果、そのファイルが死刑事件被告人の調査、準備、再審請求に役立たないと判断する場合、裁判所は裁量により一部分を不開示とすることを認めることができる。

（日本語訳／伊藤和子）

資料4
イリノイ州の証拠開示新法 (725 ILCS5/114-13)

① 刑事事件の証拠開示手続は、最高裁規則による。

② 殺人事件の捜査に責任をもち、または捜査に参加した、弁護側調査員を除く全ての捜査機関は、捜査を行った殺人事件に関連して作成・所持しているレポート、メモ、捜査ファイル一式を含む全資料を検察庁に交付しなければならない。加えて、これら捜査機関は、その所持・管理下にある、被告人の殺人事件の有罪性を否定し、量刑を減少させる可能性のあるレポート、メモ、捜査ファイル一式その他全ての証拠、情報を検察庁に交付しなければならない。この州の全ての捜査・法執行機関は、この基準に合致するような規則を制定しなければならない。

殺人事件以外の捜査に責任をもち、または捜査に参加した、弁護側調査員を除く全ての捜査機関は、捜査を行った殺人以外の事件に関連して作成・所持しているレポート、メモを含む全資料を検察庁に交付しなければならない。加えて、これら捜査機関は、その所持・管理下にある、被告人の有罪性を否定し、量刑を減少させる可能性のあるレポート、メモ、捜査ファイル一式その他全ての証拠、情報を検察庁に交付しなければならない。この被告人に有利な証拠の提供義務は、情報がいかなるかたちで記録、記述されているか、また記録の有無を問わない。この州の全ての捜査・法執行機関は、この基準に合致するような規則を制定しなければならない。

(日本語訳/伊藤和子)

資料5

イリノイ州最高裁規則 (2001年3月1日改正)

412条(被告人に対する証拠開示)

(a) 他の規則や保護命令で開示を要求されない場合を除き、検察官は、弁護人の書面による申立てに基づきその所持または管理する以下の証拠と情報を提供しなければならない。

(i) 検察官請求予定の証人の名前と最新の住所、関連する供述調書や供述の録音・録画記録、証人の口頭供述を逐語的に報告、要約したメモ、口頭供述を報告・要約したメモのリスト。弁護側の請求により、口頭供述を報告・要約したメモはインカメラ手続により裁判所で取調べられ、口頭陳述を逐語的に報告したものと判断された場合は弁護側に開示される。

(ii) 被告人、共同被告人の作成した供述調書、録音、録画供述、口頭の供述の実質を有するものの全て。また、これら供述の作成、受領に関する証人のリスト

(iii) 被告人及び検察官申請予定証人の大陪審における供述の反訳

(iv) 物理的、精神的鑑定や科学試験、実験やその比較などを含む、事件に関する専門家の報告書ないし供述書、および専門家の資格に関する供述調書

(v) 被告人から入手し、または被告人が所持するものであって検察官がヒアリングまたは公判で使用予定の全ての本、新聞、文書、写真ないし証拠物

(vi) 検察官がヒアリングないし公判で申請予定の証人の弾劾のために使用できる前科記録

(b) 検察庁は、被告人の参加している会話または、被告人の家に対する盗聴などの電子的傍受を行っている場合、その事実を弁護人に告知しなければならない。

(c) 保護命令により定められた規則のある場合を除き、検察庁は、被告人の

訴追事件に関する有罪性を否定し、または減刑につながる可能性のある全ての証拠と情報を弁護側に提供しなければならない。検察官は、証拠開示の際に検察の知りえた情報に基づき、この規定により開示した証拠の内容を標目の記載等によって特定するよう誠意をもって努力しなければならない。公判において、弁護側は、検察側が検察側の「被告人の有罪性を否定し、または減刑につながる」という記載を検察がした、ということを主張に援用することができない。

(d) 検察庁は、この規則上の義務を、弁護側の申立て後出来る限り早く、果さなければならない。

(e) 検察庁は、検察側・弁護側双方が合意できる方法または、以下の方法により証拠開示義務を果さなければならない。

　　(i) 証拠と情報は、具体的に指定した合理的な時期に、検分、所持、検査、謄写、撮影してもよい旨一般的に弁護人に通告する。

　　(ii) 検察庁は、時期を特定して、証拠と情報を弁護側に開示し、これら証拠の検分、調査、謄写、撮影のために、適切な施設の提供ないしその他の措置を行う。

(f) 検察庁は、被告人及び訴追された事件に関する全ての証拠と情報が所持・管理されていた全ての捜査官と事務所の間で、情報の流れが遮断されていないことを確認しなければならない。

(g) 弁護側の請求により、検察以外の政府機関の職員の所持・管理下にあり、検察庁が所持していれば証拠開示されるべき証拠・情報がある旨特定された場合、検察庁は、それらの証拠が弁護側に開示されるよう十分な努力を尽くさなければならない。もし、州の努力が成功せず、証拠または政府機関の職員がこの裁判所の管轄に属する場合、この裁判所は、適切なサピーナや命令により、弁護側にこれらの証拠が開示されるよう命令しなければならない。

(h) 裁量による証拠開示

被告側の準備にとって重要であるということが示されれば、裁判所は裁量により、この規則によってカバーされない証拠や情報の弁護側に対する開示を要求することができる。

（ⅰ）　証拠開示の否定　この規則と規則413により、物理的危害、脅迫、賄賂、経済的報復、不必要な妨害やいやがらせの現実的な危険が弁護側への証拠開示により発生すると認められ、証拠開示の有用性を上回る場合は、証拠開示を認めないことができる。
（j）　開示されない証拠
　（ⅰ）　ワークプロダクト（略）、（ⅱ）　情報提供者（略）、（ⅲ）　国家機密（略）

413条（検察側に対する証拠開示）〔概略〕

（a）　被告に関する証拠――写真撮影等
（b）　（a）に関する弁護側への告知と弁護側の立会の権利
（c）　医学的・科学的報告書
（d）　弁護側抗弁に関する告知と、以下の開示
　（ⅰ）　申請予定証人の氏名・住所・供述書、前科
　（ⅱ）　公判で提出予定の全ての本、文書、写真、証拠物
　（ⅲ）　アリバイに関する具体的主張

416条（死刑事件手続）

（a）　適用範囲
　　以下の規定は、訴追側が死刑を求刑しないとの告知をしている事案を除き、死刑を法定刑に含む全ての事件に適用される。
（b）　目的
　　この規則は、以下の目的で規定される。
　（ⅰ）　州において、死刑事件被告人が公正で中立な公判、量刑審理を受けられることを確保すること
　（ⅱ）　裁判の誤りを最大限に防ぎ、発生するであろう誤りを速やかに特定し正すこと
（c）　死刑求刑の意図があることの告知
　　検察官は、可能な限り早く、死刑求刑をする、またはしない意図について告知書により告知をしなければならない。告知は裁判所の指定がある場合以外は、有罪答弁期日の120日以内になされなければならない。但し、正当な

理由が示された場合はこの限りでない。死刑求刑の意図の告知には、検察官が死刑量刑審理で主張することを予定する1961年刑法（720 ILCS 5/9-1（b）9-1（b）に列挙された全ての加重原因を付記しなければならない。

(d) 弁護人の選任

　州が死刑求刑の意図を明らかにした全ての事件、または（c）に定められた告知がなされない全ての事件について、公判判事は、資力のない被告人1人につき規則714条に基づく「死刑事件公判法曹会」に所属することが証明された2名の資格ある弁護士ないし公設弁護人を選任しなければならない。被告人が私選弁護人によって選任されている場合は常に、公判判事は同様に、弁護人が「死刑事件公判法曹会」に所属することを確認しなければならない。公判判事は同様に、検察官が管轄の郡の司法長官または適切に選挙、使命された検事正である場合を除き、検察官が「死刑事件公判法曹会」に所属することを確認しなければならない。

(e) 死刑事件における証拠開示としてのデポジション

　死刑事件では、証拠開示としてのデポジションは以下の手続により行われる。

　　(i) 訴訟当事者は、正当な理由があれば、最高裁規則412条または413条に基づき、証人として開示された全ての者に対し、口頭の質問によるデポジション（公判前反対尋問）を行うことができる。デポジションを許すか否かを決めるにあたり、裁判所は、デポジションが認められなかった場合の結果、争点の複雑性、証人の証言の複雑さ、当事者に、デポジションと同様の情報を得る機会があるか否かを考慮しなければならない。しかし、被告人はいかなる場合でもデポジションを受けることはない。

　　(ii) デポジションの方法は、民事事件のデポジションの規則による。デポジションの命令により、デポジションと同時に、その場で、書類、記録、証拠物を提示することができる。

　　(iii) 被告人はデポジションに立ち会う権利はない。

　　(iv) 署名と記録編綴　この規則によって行われるデポジションの署名・記録編綴については規則207条が適用される。

　　(v) 費用　被告人に資力がない場合、デポジションの全ての費用は刑事訴

追を行った郡によって支払われる。被告人に資力がある場合は、民事事件同様の負担とする。
(f)　死刑事件の事件処理会議
　　被告人が答弁を行ってから120日以内、州が死刑求刑の意図を明らかにしてから60日以内に、裁判所は事件処理会議を開催する。公判で訴追・弁護活動を行う法律家本人がこの会議に出席する。この会議において、裁判所は以下のことを行う。
　　（ⅰ）　規則714条により、検事・弁護人が「死刑事件法曹協会」の正当な会員である証明を確認する。
　　（ⅱ）　規則412条により検察側が開示する義務を負う全ての証拠開示が完了し、412（g）により求められる証明が提出され、または、それを完了する日程が定められたことを確認する。
　　（ⅲ）　規則413条によって弁護側が開示義務を負う全ての証拠開示が完了し、（h）が要求する証明が提出され、または、それを完了する日程が定められたことを確認する。
　　（中略）
(g)　全ての死刑事件で、検察は、公判の14日前までないし、裁判所の指定した時期までに、事件の捜査・公判準備に関わった全ての者に確認した結果、412条により開示が義務付けられている全ての証拠と情報が弁護側に提出されたことを確証する検事ないし司法長官作成の証明書を裁判所に提出しなければならない。
この証明書は公開法廷で被告人の立ち会いのもとに提出されなければならない。
(h)　全ての死刑事件で弁護人は公判の14日前までないし裁判所の指定した時期までに、主任と共同弁護人双方が署名をした準備完了の証明書を提出しなければならない。この証明書には、弁護人らが被告人と面会し、証拠開示、検察側の起訴事実、弁護の可能性について十分話し合い、公判及び量刑審理において被告人の刑責を軽減する可能性のある証拠及び弁護方針を吟味した旨書かれていないければならない。この証明書は被告人の立ち会いのもと、公開の法廷で提出されなければならない。

417条（DNA証拠に関する証拠開示）

(a) 目的

　この規則は、DNA証拠の証拠能力に関する適切かつ正確な判断を可能にするために常に適切な情報が提示されること、およびそのような証拠が完全かつ明瞭に提示されることを確保することを目的とする。この規則はDNA証拠に関して遵守すべき最低の基準を設定するもので、重要な情報の提供、開示に制限を設けるものではない。

(b) 義務

　全ての重罪事件、公判・有罪評決後の手続において、検察・弁護双方の持つDNA鑑定に関連する全ての証拠は相手方に交付・開示されなければならない。その証拠には、以下のものが含まれるが以下のものに限定されない。

(i) 全ての報告書、メモ、ノート、電話記録、汚染に関する記録、鑑定に関するデータなど当該事件に関連して実施されたDNA鑑定のファイル一式のコピー

(ii) 放射能写真撮影、発光グラフ、DQアルファポリマーカーストリップ、PCRのゲル写真、電磁誘導、票データ、電子ファイルその他のデータ

(iii) 鑑定プロセスに使用された性能ガイドラインや基準に従ったことを示す記録のコピー

(iv) DNA実験室の手続マニュアルのコピー、鑑定プロトコル、DNAの性能証明ガイドライン、基準、DNA検査の有効性調査

(v) 当該事件に関するDNA検査に携わる実験従事者、分析者、技術者の熟練度試験結果、継続的職業訓練の証明、最新の履歴書と彼らに対する職業指示書

(vi) 当該実験に伴う全ての誤差や欠点、実験上のミス、そしてその理由及びその影響に関する報告書

(vii) DNA鑑定に供する証拠の収集・保管に関する責任者と保管場所の連鎖に関する記録のコピー

(viii) 当該事件についての統計上の確率を算出するにあたって使われた方法論に関する、鑑定を行なった実験室作成の供述書

(ix) それぞれの検査対象である座位におけるDNA型の出現頻度またはデ

ータベースに関するコピー
⑽　当該事件のDNA鑑定に使用されたソフトウェア・プログラムのリスト（ソフトウェア・プログラムの名称、製造元、バージョン情報を含む）
⑾　当該鑑定に関し、鑑定を行なった実験室が受けた検査完了証明のコピー

（日本語訳／伊藤和子）

資料6

自由権規約委員会の日本政府報告書審査に対する最終見解
(1998年11月19日)＊ 第64回会期

懸念と勧告

25　委員会は、刑事裁判における多数の有罪判決が自白にもとづくものであるという事実に深く懸念を有する。自白が強要により引き出される可能性を排除するために、委員会は、警察留置場すなわち代用監獄における被疑者への取調べが厳格に監視され、電気的手段により記録されるべきことを勧告する。

26　委員会は、刑事法の下で、検察には、公判において提出する予定であるものを除き捜査の過程で収集した証拠を開示する義務はなく、弁護側には手続の如何なる段階においても資料の開示を求める一般的な権利を有しないことに懸念を有する。委員会は、規約第14条3に規定された保障に従い、締約国が、防禦権を阻害しないために弁護側がすべての関係資料にアクセスすることができるよう、その法律と実務を確保することを勧告する。

＊自由権規約委員会第64回会期CCPR/C/79/Add.102　(1998年11月19日)

（外務省仮訳）

あとがき

　本書をつうじて、アメリカが今向き合っている「陪審制度下の誤判」と、最先端の改革論議を、できる限り正確に日本のみなさんにお伝えしたい、と思って、執筆を進めてきた。

　「アメリカで冤罪が多い」という話をすると、「やはり市民の判断は危うい」という反応がかえってくる。しかし、そうだろうか。以前、私は、自分が取り組む冤罪事件で裁判官と面会し、そのあまりに心ない態度――被告人が万一にも無罪であるかもしれない、という配慮や謙虚さのかけらも見られない態度――に接して「やはり刑事裁判にはどうしても市民参加が必要だ」と痛切に感じた。もちろん裁判官によって対応に違いはあるだろう。しかし、被告人との立場の互換性がほとんどないエリート裁判官だけによって被告人の一生を決める判断がされるべきではなく、被告人と同じコミュニティに住む「もしかしたらこの人と同じ立場に立たされたかもしれない」と意識しうる市民たちが、判断に参加することはとても重要だ、という気持ちは今も変わらない。そして彼らが真剣に、適切に判断できるようにするのが法曹の仕事であり、その土台となるのが公正で透明な刑事司法制度なのだと思う。

　従来、アメリカにおける誤判をめぐっては、「陪審制の是非」という角度からの議論が日本国内ではまま見られ、「陪審導入論」「陪審否定論」というかたちの議論に終始しがちであったように思う。しかし、私がアメリカ各地を訪れ、元死刑囚や弁護人、裁判官や研究者、そして昨今の誤判研究と改革提言に携わってきた人々と意見交換をして痛感したのは、誤判の原因は判断者、すなわち陪審員か職業裁判官か、に存するのではなく、刑事手続そのものにその原因が存在するということ、そして誤判原因は日米で驚くほど共通しているということだった。その意味で、アメリカの昨今の刑事司法改革は、今後のわが国の刑事司法のあり方にとって非常に示唆に富むものだと思う。たくさんの人々の人生の犠牲とその痛切な反省のうえに実現されつつあるアメリカの改革が、日本のこれからの刑事司法――誤判を生まない刑事司法制度――を実現するた

めに生かされることを切望する。

　本書を作成するにあたっては、本当に多くのみなさんにご協力をいただいた。
　まず、今回の調査にあたり全面的なご協力をいただいた、ニューヨーク州裁判所の方々、特に、ジュディス・ケイ主任判事、ルース・ピックホルズ判事ほか裁判官のみなさん、陪審制度コミッショナーのアンソニー・マニセロさん、エリサ・クラウスさん、ビンセント・ホミニクさんにお礼を申し上げたい。
　私の問題意識を深めてくださった、ニューヨーク大学のブライアン・スティーブンソン教授、そして、ニューヨークのイノセンス・プロジェクトおよびワシントンDCの死刑情報センターのみなさん、貴重なお話をいただいたシカゴのノースウエスタン大学ロースクールの誤判センターのみなさん、トーマス・サリバンさん、シカゴ州クック郡公設弁護人事務所のみなさん、ノース・カロライナ州死刑訴訟センターのみなさん、アラバマ州のイコール・ジャスティス・イニシアティブのみなさん、ミネソタ州のピーター・アーリンダー弁護士とヒノピン郡裁判所・検察庁の方々、ニューヨークのマージョリー・フィールズ弁護士、カリフォルニア州の裁判官の方々、ABAのみなさん、留学中を通じてお世話になったフランク・アップハム教授、ホリー・マグイガン教授、クリストファー、サネム、アナ、エバ、シャオトン、リトゥ、ナナなど、ニューヨーク大学ロースクールの仲間たち。また、何より、快く留学に送り出してくれた夫の協力なくして本書はありえなかったと思う。
　さらに、本書作成にあたって、指宿信先生、神山啓史先生、厳島正雄先生、徳永光先生から貴重な助言をいただいた。本林徹先生、梶谷剛先生、青木正芳先生、田中敏夫先生、丹羽健介先生、山田幸彦先生、仲田信範先生、小野正典先生、森谷和馬先生、比佐守男先生、安部敏先生、山岸憲司先生、木村晋介先生、中山博之先生、四宮啓先生、山崎浩一先生、濱田広道先生、西村健先生に

は、私のアメリカ全土での調査に暖かいご支援をいただいた。60期修習生のみなさんには出版前にいろいろ手伝ってもらった。そして、現代人文社編集部の成澤壽信さんには、本書の出版を快諾いただき、完成までご尽力いただいた。

　心から感謝をささげたいと思います。

　そして、最後に、本書を読んでいただいたみなさまにお礼を申し上げ、筆をおきます。

　1日も早く、奥西勝さんの再審無罪が確定することを願い、

　そして全ての冤罪被害者が同じく救われることを願って。

2006年11月

伊藤和子

◎著書プロフィール

伊藤和子（いとう・かずこ）

弁護士（46期）。1994年弁護士登録。冤罪名張毒ぶどう酒事件、調布駅前暴行事件などの冤罪事件に関わる。1999年以降、東京三弁護士会陪審制度委員会副委員長、日弁連司法改革実現本部幹事、「市民の裁判員制度つくろう会」運営委員として、刑事司法改革にかかわる。2004年、刑事司法改革・裁判員制度について、参議院公聴会で公述人として公述。2004年から日弁連推薦の客員研究員としてニューヨーク大学ロースクールに留学、その後全米を調査。帰国後、人権NGOヒューマンライツ・ナウ事務局長、日弁連取調べの可視化実現本部委員、同裁判員制度実施本部委員。

誤判(ごはん)を生まない裁判員(さいばんいん)制度(せいど)への課題(かだい)
アメリカ刑事司法改革からの提言

2006年12月27日　第1版第1刷
2009年 2 月 5 日　第1版第3刷

著　者　伊藤和子
発行人　成澤壽信
発行所　株式会社現代人文社
　　　　〒160-0004
　　　　東京都新宿区四谷2-10　八ッ橋ビル7階
　　　　振替　00130-3-52366
　　　　電話　03-5379-0307（代表）
　　　　FAX　03-5379-5388
　　　　E-Mail　hensyu@genjin.jp（代表）
　　　　　　　　hanbai@genjin.jp（販売）
　　　　Web　http://www.genjin.jp

発売所　株式会社大学図書
印刷所　株式会社シナノ
装　幀　Malpu Design（沖直美＋河村誠）

検印省略　PRINTED IN JAPAN
ISBN978-4-87798-310-9　C2032
©2006　Kazuko ITO

本書の一部あるいは全部を無断で複写・転載・翻訳載などをすること、または磁気媒体等に入力することは、法律で認められた場合を除き、著作者および出版者の権利の侵害となりますので、これらの行為をする場合には、あらかじめ小社また編集者宛に承諾を求めてください。